中國學術思想 研究輯刊

三一編

林慶彰 主編

第 10 冊

七子視界
——先秦哲學研究（修訂版）（上）

魏義霞 著

花木蘭文化事業有限公司

國家圖書館出版品預行編目資料

七子視界——先秦哲學研究（修訂版）（上）／魏義霞 著 — 初
版 — 新北市：花木蘭文化事業有限公司，2020〔民109〕
目 6+176 面；19×26 公分
（中國學術思想研究輯刊 三一編；第 10 冊）
ISBN 978-986-518-000-3（精裝）
1. 先秦哲學 2. 研究考訂
030.8   109000267

ISBN-978-986-518-000-3

9 789865 180003

中國學術思想研究輯刊
三一編　第 十 冊   ISBN：978-986-518-000-3

七子視界——先秦哲學研究（修訂版）（上）

作　　　者　魏義霞
主　　　編　林慶彰
總 編 輯　杜潔祥
副總編輯　楊嘉樂
編　　　輯　許郁翎、張雅淋　美術編輯　陳逸婷
出　　　版　花木蘭文化事業有限公司
發 行 人　高小娟
聯絡地址　235 新北市中和區中安街七二號十三樓
　　　　　　電話：02-2923-1455／傳真：02-2923-1452
網　　　址　http://www.huamulan.tw 信箱 hml810518@gmail.com
印　　　刷　普羅文化出版廣告事業
封面設計　劉開工作室
初　　　版　2020 年 3 月
全書字數　438328 字
定　　　價　三一編 25 冊（精裝）新台幣 50,000 元　　版權所有・請勿翻印

七子視界
——先秦哲學研究（修訂版）（上）

魏義霞　著

作者簡介

魏義霞，哲學博士、二級教授、博士生導師。獨立發表學術論文 400 餘篇，收入中國知網 300 餘篇，收入 CSSCI 近 200 篇，獨立出版學術著作 20 部。目前，獨立發表的學術論文和出版的學術著作字數累計 1000 萬字。《中國近代國學研究》（生活・讀書・新知三聯書店，2013 年）獲得包括黑龍江省優秀社科成果一等獎在內的 4 個一等獎，其他著作多次獲得黑龍江省高校人文、黑龍江省國學學會或黑龍江大學優秀科成果一等獎。The Chinese Philosophy of Fate 在德國的 Springer 出版（2017 年），《譚嗣同哲學思想研究》（入選國家社科基金成果文庫，2016 年）。

提　要

　　本書以孔子、老子、墨子、孟子、莊子、荀子和韓非組成的先秦七子為研究對象，由微觀到中觀再到宏觀一步步由淺入深展開對先秦哲學的研究。全書共 30 章，由 30 個相對獨立的學術論題組成，從個案發微、深度比較和宏觀透視三個不同維度對先秦哲學進行研究：第一，個案研究。作為本書的第一部分，是對先秦七子的具體研究，涵蓋了本體哲學、認識哲學、生態哲學、人性哲學、人生哲學、道德哲學和政治哲學等諸多領域。第二，比較研究。這構成了本書的第二部分，側重對先秦七子以及諸子百家的比較研究，包括同一學派中單個人物與單個人物之間、不同學派的單個人物與單個人物之間、同一學派的多個人物之間以及不同學派的單個人物之間的比較。在比較過程中，透過概念的比較、命題的比較、人物的比較到學派的比較等多維視角，本著透視同中之異和異中之同的原則，全面挖掘異同背後的思維方式和價值意趣。第三，宏觀研究。這是本書的第三部分，在對先秦七子代表的人物研究和主要學派逐一進行個案研究合比較研究的基礎上，進而梳理先秦七子以及各個學派的思路脈絡，以此整合先秦哲學的共性和一致性，概括先秦哲學的總體特徵，對先秦哲學的本體哲學、語言哲學、人性哲學、道德哲學、人生哲學、歷史哲學和法哲學進行宏觀透視。

目次

前　言

　　西方哲人自詡，提起古希臘，總有一種家園感。提起先秦，中國人何嘗不是如此。西聖中聖，心同理同。也許，人之所以可貴，文化之所以有意義，大都源於人類對文化的這種「戀母情結」。

　　飽含童年的純正無邪，先秦哲學天眞中流露出浪漫，稚嫩中隱藏著深邃。作爲中國哲學的活水源頭和精神之母，先秦哲學孕育並濃縮著中國哲學的多種可能性，全息著中國哲學後續發展的模式和走向。沒有它，失去根基的中國哲學則會無根漂泊而居無定所，成爲沒有原產地的怪物和沒有身份認證的棄兒。要瞭解中國哲學，先要瞭解先秦哲學；要理解中國哲學的後續發展走向，先要到先秦哲學那裡追本溯源。基於此，我對先秦哲學總有一種與生俱來的親切感和敬畏感。在尋找母親的行動中，走進先秦哲學，不僅是認祖歸宗的朝聖，而且是精神陶冶和道德昇華的洗禮。

　　與科研院所的工作性質不同，高校教師的工作任務以教學爲中心，科研是爲教學服務的。所以，高校教師的科學研究必須圍繞著教學內容展開。作爲一名高校教師，我的科研選題和研究工作也不例外。正是在教學工作中，我切身感受到先秦哲學的研究具有非同小可的重要意義。講述中國哲學史，必須從頭講起——先秦是不可逾越的必經階段。儘管只占四分之一，儘管每位人物只講一次，面對學生那渴望的眼神，我知道任何應付了事都有愧於心。爲了應答學生的提問，我不斷走進先秦。對於先秦這段，我爲學生選擇的基本讀物是《論語》、《墨子》、《老子》（《道德經》）、《孟子》、《莊子》（《南華眞經》）、《荀子》和《韓非子》，並在講課時圍繞這些原著側重介紹先秦七位鉅子——孔子、墨子、老子、孟子、莊子、荀子和韓非的思想。這便是《七子

視界》的緣起。

　　先秦哲學內容豐富、流派紛呈、經典迭出，遠不是一本書、一個選題可以囊括或容納的。正如書名《七子視界》所表明的那樣，本書以人物為研究維度，重點研究七位思想家的思想，不以經典為取捨標準。因此，先秦的許多經典如《周易》、《詩經》、《尚書》、《周禮》和《國語》等等不在本書的範圍之內。與此相關，不以學派為取捨標準，而是以七位人物為平臺揭示各個學派的特點、諸子百家的關係或先秦哲學的特徵。例如，法家人物眾多，本書只選擇了集大成者——韓非，商鞅、慎到和申不害等不是研究重點。

　　同時，《七子視界》只是我涉獵先秦哲學的初步心得和階段性成果，無論體系還是內容都需進一步完善和充實。例如，相對於墨子和莊子而言，對荀子和韓非哲學的研究顯得單薄，尤其對先秦道家的創始人——老子哲學的關注極為不夠。聖人有言：「加我數年，五十以學《易》，可以無大過矣。」（《論語·述而》）遺憾即使聖人也在所難免，何況庸人乎！好在我還年輕，還有時間對本書涉及的內容繼續研究。在今後的教學和研究工作中，我會一如既往地關注這一領域，以期今後有機會加以完善。

　　本書是黑龍江省 2003 年哲學社會科學規劃課題，衷心感謝貴單位的支持！在本書的出版過程中，諸多師長和朋友的關照令我沒齒難忘，也增加了我的信心。尤其需要特別提出的是黃德志老師。拙作今天能夠擺在讀者面前，黃老師和中國社會科學出版社功不可沒。此時此刻，手捧諸多師友贈予的玫瑰，我的心中充滿芳華、溫馨和感激。您手中的餘香尚在否？有恩可感的人是幸運的，懂得感恩的人是幸福的。我深知，在此，一句謝謝太輕太輕，但是，我還是情不自禁地想向幫助過我的人們真誠地、由衷地道一聲謝謝！

魏義霞

2004.10.28

上篇：個案發微

第一章　孔子的隨機天命論

　　孔子是儒家的創始人，孔子的思想在某種程度上框定了儒學的主體內容、致思方向和價值旨趣。在這方面，孔子之天具有典型意義。天是孔子哲學的基本範疇之一，天命論構成了孔子自然觀和本體論的主要內容。因此，無論對於孔子還是儒家人物來說，天都不可或缺，天命論是不可逾越的。正是由於這個原因，只有從天命論入手，才能真切地領略孔子本體哲學的特徵和精髓所在。與此同時，在先秦時期的諸子百家中，尊天奉天法天的還有墨子。孔子對天的理解與墨子不盡相同，與道家之天更是相去天壤。事實上，孔子的天命論不僅在先秦是儒家與墨家、與道家的學術分水嶺，而且內涵著孔子與孟子思想的差異以及有別於後儒的鮮明個性。這一切都使天對於孔子具有了非同尋常的重要意義。

第一節　天本論的隱晦表達

　　孔子斷言：「巍巍乎！唯天為大。」（《論語・泰伯》）在他看來，天是宇宙間最神聖的存在和人類社會的最高主宰。這就是說，孔子把天說成了第一性的存在，在實質上是天本論。儘管如此，綜觀孔子的思想可以發現，他對上天的本體地位和存在狀態的闡釋並不多。在孔子的學說中，最能體現天之本體地位和絕對權威的是天命論。因此，瞭解孔子的天本論必須從天命論入手。具體地說，孔子的天命論主要集中在以下幾個方面：

一、天決定人的生死和壽夭

　　孔子認為，人的壽命長短、健康良否都是上天注定的，生病也是命運的

安排。根據《論語·雍也》篇的記載，有一次孔子的學生伯牛生了重病，孔子前去探望，從窗戶外握著伯牛的手說：「難得活了，這是命呀！這樣的人竟有這樣的病！這樣的人竟有這樣的病！」在孔子的意識深處，一切都是命中注定的。看到自己的學生病情嚴重，孔子馬上確定這是命運的安排，對上天安排的命不禁脫口而出：「這樣的人竟有這樣的病！」

二、天決定人的家庭組成和社會地位

孔子認爲人的死生壽夭等自然屬性由天注定，並且宣稱人的家庭成員組成以及貧富貴賤等社會屬性也逃遁不了上天的安排。《論語·顏淵》記載，司馬牛憂愁地說「別人都有好兄弟，單單我沒有。」對此，子夏勸慰說：「商聞之矣：『死生有命，富貴在天。』」子夏的回答是說，正如人的生死是命運的安排一樣，人的貧富貴賤由天注定，一切都是命該如此。循著這個邏輯，人究竟有無兄弟或兄弟幾個，當然也歸於天命了。值得注意的是，子夏聲稱這並不是他自己的思想，而是聽說的。那麼，子夏聽誰說的呢？子夏是孔子的高足之一，子夏之所聞十有八九來源於孔子。由此可以推想，子夏的這一觀點基本上代表了孔子的看法。

三、天注定人的智力學識和德才賢良

孔子認爲，人的才華和品德是天生的，上天在生人之時，就賦予他們不同的才華和品德。這用孔子本人的話說便是：「生而知之者，上也。學而知之者，次也。困而學之，又其次也。困而不學，民斯爲下矣。」（《論語·季氏》）由此看來，人分爲四等，由高至低分別是「生而知之」「學而知之」「困而學之」和「困而不學」。孔子雖然非常謙虛地聲稱自己不是「生而知之」者，只是「敏以好學」而已，但是，孔子對上天給予自己的偏愛很自負，總好以上天委任的承命者自居。例如，《史記·孔子世家》有這樣一段記載：

> 孔子去曹，適宋，與弟子習禮大樹下。宋司馬桓魋欲殺孔子，拔其樹。孔子去，弟子曰：「可以速矣。」孔子曰：「天生德於予，桓魋其如予何！」

《論語·述而》中也記錄了孔子的「天生德於予」這句話。這句話的意思是說，我的才德是上天注定的，任何人（包括桓魋在內）都不能把我怎麼樣，對於他人的挑釁和非難根本就用不著害怕和恐慌。又有一次，孔子離開

衛國準備去陳國時，經過匡。匡人曾經遭受魯人陽貨的掠奪和殘殺。孔子的相貌與陽貨酷似，匡人誤認爲孔子是陽貨而囚禁了孔子。孔子說：「周文王死了以後，一切文化遺產不都在我這裡嗎？天若是要消滅這種文化，那我也不會掌握這些文化了；天若是不想消滅這些文化，那匡人又能將我怎麼樣呢？」這就是說，孔子認爲，是主宰人類命運的上天把人類的一切文化遺產都託付給了自己，從保護人類的文化遺產計，上天也會保祐自己平安無事的。因此，匡人根本無法奈何自己。

四、天決定人的際遇成敗

孔子認爲，人的際遇如何、主張能否實現都是上天的安排，並非人力所及。據《論語·憲問》記載：

> 公伯僚愬子路於季孫。子服景伯以告，曰：「夫子固有惑志於公伯僚，吾力猶能肆諸市朝。」子曰：「道之將行也與，命也；道之將廢也與，命也。公伯僚其如命何？」

孔子說這話的言外之意是，一個人政治際遇的成敗得失、主張能否被採納而得以推行都由上天操縱，他人的挑唆和詆毀無法改變上天對一個人的既定安排。

總之，正因爲孔子確信天主宰人的命運和禍福吉凶，因此，一旦遇到不幸或不公正，天便成了孔子哭訴的對象和詛咒發誓的憑證。《論語》記載了這樣兩則小故事：

> 顏淵死，子曰：「噫！天喪予！天喪予！」
>
> 顏淵死，子哭之慟。（《論語·先進》）
>
> 子見南子，子路不說。夫子矢之曰：「予所否者，天厭之！天厭之！」（《論語·雍也》）

顏淵即顏回，是孔子最得意的學生，孔子對他讚譽甚高。顏淵死了，孔子傷心已極。按照孔子的邏輯，顏淵之死是天意，上天讓顏淵死於自己之前、自己又對顏淵割捨不下，這簡直是老天爺在要自己的命。

南子是衛靈公的夫人，當時把持著衛國的政治。傳說南子有不正的行爲，名聲很不好。心直口快的子路覺得老師去拜見南子這樣的人簡直是荒唐，臉上自然流露出不悅。爲了表明自己的清白，孔子便亮出了最後的王牌——上天，發誓說，我假若做的不對的話，那就讓天厭棄我罷！

　　總之，孔子篤信天命論，斷言人的壽夭、富貴、賢否和吉凶等都是上天的安排，一切都是命中注定的。在這裡，需要強調的是，孔子一面斷言天命是存在的，人的一切吉凶禍福、生死壽夭都是天的安排；一面又宣稱天對人之命運的安排是在冥冥之中進行的，沒有任何規律或因果必然性可言。這使隨機成為上天注定人之命運的唯一方式和基本原則，也成為孔子天命論的典型特徵。因此，孔子的天命論是一種隨機天命論。按照這種理論，上天在注定每個人的命運時沒有統一或固定的標準和憑證，一切都是隨機的：第一，在先天的層面上，人與人之間的命運差異是隨機的，其間的富貴貧賤之別沒有任何因果關係，完全是隨機的。第二，在後天的層面上，一個人的命運與他的德行操守無關。因此，一個人的壽命長短、際遇如何與他的才華和品德之間沒有必然聯繫。進而言之，德行好、才華高的人不一定富貴長壽；行為否、才華淺的人也不一定貧賤命短。在這方面，顏淵是最典型的例子。有一次魯哀公問孔子：「您的弟子之中，誰最好學？」孔子對曰：「有顏回者好學，不遷怒，不貳過。不幸短命死矣。」（《論語·雍也》）顏回即顏淵。作為孔子最得意的學生，顏淵不論是人品還是學識都在七十二子之首。令人痛惜的是，這個卓然超群的人，命運卻不佳──不僅窮居陋巷，而且英年早逝。顏淵的遭遇形象地道出了孔子天命論的隨機法則。其實，在孔子看來，人的生死壽夭由天注定，人的貧富貴賤由天注定，人的品德才華也由天注定……對於每一個具體的人來說，他的命運只能是各種因素的隨機組合：或長壽富貴且德高、或短命貧賤且德淺、或長壽貧賤而德高、或長壽貧賤而識淺、或長壽富貴而識淺、或短命富貴而德高、或短命貧賤而識淺……凡此種種，不一而足。其中，善有善報（即德高且長壽富貴者）和惡有惡報（即德劣且短命貧賤者）只是少數。對於大多數人來說，組成命運的各種因素不和諧（如德高命短、富貴德劣、長壽識淺或如顏淵那樣德高命短而貧賤）也就不足為怪了。

第二節　天的難知難言與「畏天命」

　　作為天命論者，孔子從不懷疑宇宙萬物是上天派生的，他強調的是，天不言而物生──作為天地萬物和人類主宰的天總是在冥冥之中實施自己無所不至的威力，從不用語言向人們暗示或交流什麼。於是，孔子說：

　　　　天何言哉？四時行焉，百物生焉。天何言哉？（《論語·陽貨》）

天不言語，人便得不到天啓或任何暗示。這在增強天的神秘感和魅力的同時，無形中渲染了人對天的恐懼、壓抑和無助。作爲天命論者，孔子斷言，天注定人的命運採取隨機的方式，沒有因果規律可循。這更增添了天的神秘莫測，甚至堵住了人藉此窺視天機的憑藉。在孔子對天和天命的理解中，如果說天的不言不語表明了天的冷漠孤傲的話，那麼，天的隨機行事則預示了天的高深莫測。天的這種既無任何暗示又無一定之規的品格劃定了一道天人之間的無法逾越的鴻溝，使天永遠躲藏在神秘的面紗之後。至於它有什麼喜怒好惡和必然法則，人們永遠不得而知。上天的這種存在方式和行爲法則注定了孔子對待天命的基本態度和做法。

一、「知天命」

毫無疑問，待天命以「知天命」爲理論前提。爲了瞭解孔子的待命之方，必須先分析孔子認爲天命是否可知。孔子自身的經歷間接地回答了這個問題。在回憶自己的學道和修養過程時，孔子曾說：

> 吾十有五而志於學，三十而立，四十而不惑，五十而知天命。

（《論語・爲政》）

這表明，孔子從 15 歲開始致力於學習，到了 30 歲有所建樹，40 歲不再迷惑，到了 50 歲才「知天命」──整整用了 35 年的時間！這是多麼漫長的歲月！在古代那種社會條件下，大概有許多人還沒知命就早已斃命了。並且，35 年的時間還是就孔子而言的──孔子雖然否認自己是生而知之者，但是，他自詡自己的才華和德行由天造就，並以文化救世者自居，這已遠非常人可比了。此外，孔子還孜孜以學、廢寢忘食。在孔子如此出眾的先天資質和後天努力的雙重作用下，「知天命」還得用 35 年的時間。如此說來，對於天資不殊、「困而不學」的一般人而言，即使是壽比彭祖恐怕也難知天命了。

尤其值得注意的是，孔子說自己「五十而知天命」。這裡的「知」究竟何意──知曉耶？懂得耶？換言之，孔子宣布自己「知天命」，是說自己明白了天命是存在的、知道了人的一切命運都由天定呢？還是說弄懂了命運的眞諦，洞徹了天注定人的吉凶禍福的規律呢？根據孔子的一貫主張和做法可以推定，答案只能是前者。因爲弄懂了天命，便可依此而行，則不必敬而遠之地「畏天命」了；弄懂了天命，便可談論和講述天命，而孔子並非如此。

在《論語》和其他關於孔子的思想資料中，孔子對天與命的闡釋並不多。

在收徒講授中，孔子以文行忠信爲教學內容（《論語・述而》），卻很少談天命之事。難怪孔子的學生子貢說：

> 夫子之文章，可得而聞也；夫子之言性與天道，不可得而聞也。
>
> （《論語・公冶長》）

子貢是孔子平生最得意的幾個弟子之一，說他頗得孔子眞傳並不誇張。就連子貢都說孔子的性命天道之說不得而聞，孔子罕言天命也就可想而知了。

進而言之，既然天命無所不在，人的一切命運都在天的操縱之中，人們對此既無法擺脫，又無法逃遁，那麼，聰明人和道德修養高的人只有確信命的存在。在這個意義上，孔子斷言：「不知命，無以爲君子也。」（《論語・堯曰》）

二、「畏天命」

在孔子那裡，知命並不是目的，在篤信天命無所不在的前提下、時時處處以天爲哲學依託和行爲準則來尋找安身立命之所才是他的立言宗旨。其實，孔子爲人類所勾勒的天是一個冥冥不得視、默默不得聞的神秘主宰。在安排人的命運時，天的隨機而行更加劇了它高深莫測的神秘感。這樣的天，人無法接近和瞭解。在這樣的天的面前，人永遠無法擺脫的是無名的恐懼和莫名的悲哀，無助、卑微和渺小是人改變不了的命運——聖魯皆同、藏否無異。孔子對天的勾畫和描繪是他對待命運的理論前提和思維定格。有鑑於此，孔子提出了如下的待命方法：

1.畏

既然天命既不可逃遁又不可確知，那麼，人只好終日戰戰兢兢、謹愼從事，唯恐越雷池一步而觸犯天命。這使「畏」成了孔子對待天命的主基調。孔子宣稱：「君子有三畏：畏天命，畏大人，畏聖人之言。小人不知天命而不畏也。」（《論語・季氏》）應該提及的是，「畏天命」不是孔子首創，而是對春秋以前儒家經典中天命態度的承襲。《詩經》中就有對天命「戰戰兢兢，如臨深淵，如履薄冰」的戰慄和立命之方。不過，孔子把天命視爲君子最懼怕的存在，對天命的態度由此可見一斑。

2.祭和禱

孔子敬畏天命，卻不主張人面對天命時束手無策地坐以待斃。與消極待命的宿命論者相反，孔子積極地通過「祭」「禱」等手段與鬼神和祖先溝通，

企圖以此挽回和彌補天命。

祭是指祭祀神仙和祖先，目的是爲了祈福。孔子對祭非常重視，態度特別虔誠。據《論語》載：

> 祭如在，祭神如神在。子曰：「吾不與祭，如不祭。」（《論語·八佾》）

從中可知，孔子每次都親自參加祭祀儀式，從不請別人代祭。孔子在祭祀祖先和鬼神時，猶如祖先和鬼神就在面前一樣，虔誠無欺、畢恭畢敬。孔子強調祭祀要依禮而行，指出「非其鬼而祭之，諂也」（《論語·爲政》）。這就是說，不是自己應該祭祀的鬼神，卻去祭祀他，這是獻媚。不僅如此，爲了祭祀做得禮儀圓滿、一絲不苟，孔子不惜財錢物品竭力而爲。有一次子貢想把魯國每月初一告祭祖廟的那隻活羊去而不用，孔子語重心長地說：「賜呀！你可惜那隻羊，我珍惜那種禮。」（《論語·八佾》）

與祭不同，禱指直接向上天祈禱，以得福壽和吉安。孔子並不否認禱能袪凶求吉。有一次，衛靈公的大臣王孫賈向孔子請教說：「與其媚於奧，寧媚於灶，何謂也？」孔子答曰：「不然。獲罪於天，無所禱也。」（《論語·八佾》）奧指屋內西南角的神，灶指弄飯的設備——灶君司命。孔子的回答是說，上天是人之命運的最高和最後主宰，祈禱是人與天溝通的一種方式，目的是爲了乞求上天的庇護。既然如此，如果得罪了上天，捨本求末的祈禱還有什麼用呢？在此，孔子並沒有否認祈禱有求助於天的功效。《論語》又載：

> 子疾病，子路請禱。子曰：「有諸？」子路對曰：「有之。《誄》曰：『禱爾於上下神祇。』」子曰：「丘之禱久矣。」（《論語·述而》）

3.待

待即對待，而非等待。從根本上說，孔子對待天命的態度是入世的而非出世的，是現實的而非虛幻的。除了祭和禱之外，孔子主張通過自己的力量即憑藉加強道德修養來對待命運。具體地說，富與貴，乃人之所欲；貧與賤，乃人之所惡。於是，出現了一批不擇手段的爲富不仁者。孔子則把富、貴與命和道德聯繫起來：對於富與貴，不以其道得之則不處；對於貧與賤，不以其道除之則不去。身居貧賤時，把貧賤視爲命中注定而心安理得地去接受。因此，《論語》說：「子罕言利，與命與仁。」（《論語·子罕》）對於這句話，一般的詮釋是：孔子很少談利，卻贊同命和仁。這樣解釋就把前後割裂了一

一成了對比句。其實，這句話也可以翻譯成這樣：孔子很少談利，談利時總是結合命和仁一起來談。這就是說，孔子不排斥富貴和名利，而在追逐名利和富貴時，總是強調得這種利是否符合道德規範（仁）、是否應該（命）。這樣解釋，就與孔子的整體思想一致了。

基於對利與命的關係的這種理解，孔子稱讚君子「憂道不憂貧」「謀道不謀食」（《論語・衛靈公》），對顏淵安貧樂道、不求富貴的精神極為欣賞。此外，孔子還強調要自強和弘毅，勇敢地接受命運的挑戰。他把是否可以迎接重大考驗、承擔命運的不公看作是衡量君子與小人的標準，鼓勵人們就像松柏遇寒而不凋一樣來面對挫折和失敗。當年，孔子為了推行自己的政治主張周遊列國時，被追殺過、被囚禁過、被嘲笑過、被譏諷過。面對這一切，孔子始終「不怨天，不尤人」（《論語・憲問》），抱定「知其不可而為之」（《論語・憲問》）的決心完成了步履維艱的悲壯之旅。儘管這個行程沒有使孔子如願以償地實現自己魂牽夢縈的政治抱負，然而，他的勇氣和壯舉卻感人至深，給後人留下了永久的回味……

總之，在對待天命的態度和做法上，孔子建構了隨機天命論。這一天命論的主基調是畏懼，始終彌漫著濃鬱的恐懼、顫慄情緒。孔子提出的待命之方以「畏天命」為核心，祭、禱和待都基於對天命的畏懼──或者說，這本身就是「畏天命」的一種表現。孔子「畏天命」的待命之方歸根結底是他對天和天命的理解所致，與墨子「非命」之豪邁、孟子「萬物皆備於我」（《孟子・盡心上》）之自負相去天壤。

第三節　天命論與本體哲學的隱晦表達

通過上面的介紹可以看出，天命論構成了孔子哲學的基本內容。孔子對天和天命的理解既反映了他在哲學上不同於他人的獨特個性，又折射出先秦乃至中國古代哲學的一貫特徵。

一、天命之隨機──鮮明的理論特色

如上所述，孔子主張人命天定，並且認為上天主宰人命的方式是隨機而莫測的。在這個意義上，隨機天命論是一種偶然命定論。這就是說，每個人的命運放到人類的群體中去考察，為什麼人與人的命運如此懸殊，際遇如此

迴異——有人通達，有人抑鬱；有人貧困，有人富裕；有人長壽，有人夭折？隨機天命論的回答是，一切都是天在不經意之中隨機安排的，其間沒有一定之規和必然法則可循，一切都出於偶然。正是通過對偶然的凸顯，孔子把人帶入了對命運的撲朔迷離和疑惑不解之中。在此基礎上，才有了天之難知和「畏天命」之說。

　　然而，問題到此並沒有結束，強調偶然只是隨機天命論的一個方面。問題的另一方面是，隨機天命論對偶然的凸顯寓藏著不可逃遁的必然。具體地說，循著隨機天命論的邏輯，就每一個生活在現實中的人類個體而言，其命運是必然的，一定按著上天事先安排好的軌跡活著。不論他後天的行為如何，際遇與上天事先安排好的命運沒有一絲背離和偏差，一切都在必然之中。事實上，隨機天命論在解釋現實人的個體命運時，把人所遇到的一切都說成是無可逃避、無法改變的必然：在人受生之初，一切死生富貴業已注定、不可更改了；在人出生之後，一切早已安排好的禍福吉凶不期而至、不可挽回。一言以蔽之，一切都按照事先預定好的模式沒有絲毫差錯地運行著。這就是天命，這就是人永遠無法預測的必然。

　　正是在偶然與必然的相互交錯中，孔子把天命歸結為人的外在的異己力量：第一，命運是一次成形、不可更改的。孔子認為，人的命運在人出生之前就已經由上天安排好了，一經安排，永無更改。這樣一來，對於每一個現實的人而言，命運成了束手無策、力所不及的某種必然。第二，人的命運與他後天的作為無關。孔子既然斷言人的命運一次定形、不可更改，當然也就確信與人的後天行為沒有任何關係了。換言之，一個人德高學廣並不能保富保貴，正如行劣才低也不見得一定終身貧賤遭難一樣。這種觀點在某種程度上否定了人的主觀能動性，難免讓人有時在天的壓抑下感到無助和不公。

　　無論是命運的先天注定、不可預知還是人的行為對自身命運的無可奈何都體現了孔子天命論不同於他人的獨特氣質。由於恪守天命的隨機莫測、不可預知，孔子的天命論始終屬於客觀唯心論。在這方面，孔子的觀點與他的後繼者——孟子在天命中加入人心向背和通過對「天時不如地利，地利不如人和」（《孟子‧公孫丑下》）的強調致使天命人命化的做法呈現出明顯差異，與孟子通過盡心知性知命知天的主觀唯心主義行為路線和待命之方更是南轅北轍（《孟子‧盡心上》）。即使是同屬於客觀唯心論，孔子的隨機天命論與墨子對天命中因果、人力等因素的張揚也涇渭分明，不可同日而語。

　　長期以來，孔子代表的隨機天命論在中國民間盛行不衰。一方面，這種命運觀頗具迷信色彩，可以在情感上確信其有，卻不可以在理智上問個明白。一個人的命運為何如此？如果你一定要弄個清清楚楚、明明白白，回答你的永遠是失望。另一方面，對於今人來說，隨著社會的發展和文明的進步，人所付出的代價和承受的災難也在與日俱增。交通事故、空氣污染、核爆炸和電器失控等等使不計其數的健康人成為現代都市文明的殉葬品。當人們為各種意料不到的偶然事故悲痛欲絕、痛不欲生的時候，如果把所有災難的突如其來都歸推於天命，或許是對精神的一種釋放理療。藉此，可以幫助人排遣心中的失衡，盡快從悲哀中掙脫出來。這便是隨機天命論的積極意義和價值。

二、天、天人合一和倫理本位——一貫的價值意趣

　　如果說凸顯上天的隨機莫測以及由此引發的偶然—必然之維是孔子天命論的獨特之處的話，那麼，以天為本、把上天與人的命運聯繫起來則代表了中國哲學的一貫做法。作為中國哲學最古老也最基本的範疇之一，儘管具體理解不盡相同，然而，天為儒家、道家和墨家所一致推崇則是不爭的事實。在春秋戰國之交影響最大的三位大哲學家中，有兩位投身於天之麾下。孔子恪守天命論，墨子雖然極力主張「非命」、反對冥冥之中的命運主宰，但是，他在「天志」、「明鬼」與「非命」的三位一體中建構了一套自己的天命論。從春秋時代開始，天以及由此衍生的天人關係一直是中國哲學的基本問題之一。推崇道為本原的老子和莊子雖然不是天本論者，但是，天在兩人的哲學中同樣擁有顯赫的一席——不僅是重要的哲學範疇，而且擁有不同於萬物的特殊身份。更有甚者，莊子對天人關係的獨特理解表明，他對天的推崇較之儒墨兩家有過之而無不及。

　　孔子對上天的推崇主要是就上天對人之命運的注定即人的命運與上天密切相關、人的命運由上天操縱而言的，這使天命論成為孔子哲學的主體內容。孔子的這種做法帶來了兩個相應的後果：第一，哲學建構中本體意識單薄，並沒有明確提出天是宇宙本原。天在孔子那裡的權威地位是通過對人的命運的注定體現出來的。與此相關，孔子對天的特點、內涵和存在狀態並沒有過多的闡釋或說明。這使孔子的本體哲學建構顯得單薄，與道家和墨家相比如此，即使是在其自身的思想體系中也無法與道德哲學、政治哲學等相提並論。有人評價說，中國古代沒有哲學，孔子的本體哲學顯然難辭其咎。與此相關，

作爲新儒學的宋明理學在接緒先秦儒家衣鉢的同時，在本體哲學方面容納了佛老等思想因素，目的是充實其形上內涵和意蘊。第二，孔子對上天的推崇圍繞著人的命運展開，始終站在人的角度談天而不是直接關注天的存在本身。這樣一來，由於總是與人命相關而沖淡了天作爲宇宙本原的形上神韻，同時使他的天命哲學帶有濃鬱的人生哲學色彩。儘管孔子試圖使天高高在上、遠離人群，並通過上天的不言不語拉大天與人之間的距離，然而，天對人之命運的注定沖淡了天的形上意蘊，天最終淪落爲人安身立命的依託和人生哲學的背景。孔子的本體哲學中蘊涵著人生眞諦，乃至向人生哲學傾斜。

在本體哲學向人生哲學傾斜的過程中，孔子一面斷言以天爲本、一面宣稱上天注定人的命運，並基於上天的種種特徵提出了待天之方。這實際上開創了中國哲學天人合一的思維格局和價值取向——儘管這一思想傾向尙不明顯。這就是說，在孔子那裡，人生軌跡和價值追求已經先天注定，人安身立命的方式和過程就是與天合一。進而言之，孔子的天命論和待命之方讓人以德配天，通過道德完善來安身立命。在這個意義上，人與天合一的過程，就是加強道德修養、道德完善的過程。毫無疑問，通過加強道德修養來待命的處世哲學和以德配天的設想使孔子的本體哲學、人生哲學最終轉變爲道德哲學。孔子在本體領域對人生哲學尤其是道德哲學的側重體現了傳統哲學的倫理本位。很顯然，這是中國傳統文化的倫理本位在哲學領域的具體反映。孔子開啓的人以道德完善與天合一的理論方向在孟子那裡盡情發揮，具體化爲盡心－知性－知命－知天。其實，漢代新儒學和宋明理學走的仍然是這一思維路徑。正因爲如此，有人指出中國古代道德哲學發達，中國傳統文化是倫理本位的文化。這顯然是就中國傳統文化的主流——儒學而言的，究其極與孔子的哲學尤其是天命論不無干係。

第二章　道與老子哲學

老子創立的學派之所以被冠以道家（或道德家）的稱謂，推崇道是其中的主要原因。老子的哲學以道為核心展開論證，道在其中具有提綱挈領的作用。通過深入分析老子之道，可以真切地體悟道在老子哲學中的統領作用和核心地位，反過來深入把握老子以及道家哲學的特質。

第一節　道的特徵、別名與道論

作為道家學派的創始人，老子一面把道奉為宇宙本原，宣稱世界萬物都產生於道；一面斷言作為第一存在的道與萬物有別，是沒有任何規定性的無。

一、道生萬物的道論

站在道家的立場上，老子把道奉為宇宙的第一存在，宣布世界萬物都是道派生的。對於宇宙萬物的生成模式和道生萬物的過程，老子宣稱：「道生一，一生二，二生三，三生萬物。萬物負陰而抱陽，沖氣以為和。」（《老子·第 42章》）按照這個說法，最初，是道產生了混沌未分之氣——一；接著，混沌之氣分化出陰、陽二氣——二；後來，陰、陽二氣產生了和合之氣——三；最後，由和合之氣產生了世間萬物。這就是說，世界萬殊是和氣——三派生的，和氣則是陰、陽二氣派生的，陰、陽二氣又派生於混沌之氣，而混沌之氣則是道的產物。通過如此推演，老子認定，道是宇宙的最高存在和世間庶品的最終本原。從這個意義上說，道是萬物產生的本原和動因，也是萬物存在的依託。

進而言之，在老子哲學中，道既然是宇宙的最終本原和存在依據，也就理所當然地成了宇宙間的最高權威。道的本原地位和絕對權威注定了道無與

倫比的地位和價值，於是成爲萬物傚仿的對象。萬物的化生、成長與道的本原地位密切相關──或者說，道的本原地位本身就表明道擁有絕對權威。對此，老子寫道：「道生之，德畜之，物形之，勢成之。是以萬物莫不尊道而貴德。道之尊，德之貴，夫莫之命而常自然。」（《老子·第51章》）

更有甚者，爲了凸顯道的權威，老子不僅把世間萬品包括人在內置於道的主宰之下，而且讓天地處於道的統轄之中。關於道、天、地、人的排列順序，老子是這樣說的：「道大，天大，地大，人亦大。域中有四大，而人居其一焉。人法地，地法天，天法道。」（《老子·第25章》）據此，一方面，道、天、地、人都是優於庶物的尊貴存在，所以並稱爲「四大」。另一方面，如果進一步追究道、天、地、人四種存在的地位的話，則須看到，它們的關係並不是並列的，其間有著不容忽視和顛倒的先後、本末之別，具體的排列順序是道→天→地→人。其中，道爲最高存在而排在最先，與天、地並稱爲「三才」的人排在天、地之後，天在地之前。這既是時間順序上由先而後的排列，也是尊卑次第上由上而下的排列。在這裡，老子在弘揚道之權威的同時，使天隸屬於道的統轄，從而降低了天的權威。對於道與天（帝）的先後、本末關係，老子曾經說：「吾不知誰之子，象帝之先。」（《老子·第4章》）這就是說，道不是任何東西派生的──其中當然也包括天在內；相反，天倒是由道派生的。奉道爲宇宙本原，以道取締天在宇宙間的優先地位和絕對權威使老子所創立的道家哲學開闢了一條嶄新的思維路徑，從而與尊天、法天的孔子和墨子哲學形成了鮮明的學術分野。

道派生萬物的道本論展示了老子開啓的道家學派的鮮明特色，那就是：以道爲本，把天納入道的統轄之下。眾所周知，春秋戰國時期的儒家和墨家都以天爲本，把天視爲或冥冥之中或具有意志（「天志」）的高高在上的主宰。與孔子、墨子不同，老子把道奉爲宇宙本原，使道成爲中國傳統哲學中最基本的哲學範疇之一。

二、道與無

對於自己哲學的第一範疇──道，老子不僅闡釋了其派生世界的過程，而且對其特徵進行了描述和說明；如果說前者回答的是道的本原身份問題的話，那麼，後者則側重道的存在方式問題。在某種意義上可以說，道的特點不僅解答了道如何派生萬物的問題，而且說明了道爲什麼能派生萬物這一更

爲根本的問題。其實，在老子那裡，兩者的答案是相同的，那就是：「道常無爲而無不爲」。老子對道的界定很多，一言以蔽之，道即是無。

其一，道沒有任何規定性，其存在方式和狀態便是無。關於宇宙本原和萬物生成的問題，除了上面提到的「道生一，一生二，……生萬物」之外，《老子》還有這樣的命題：「天下萬物生於有，有生於無。」（《老子‧第 40 章》）在這裡，「有」指有形有象的天地萬物，「無」指無形、無象、無狀、無聲的道。因爲道沒有任何規定性，所以，道與有規定性的萬物相比就是無。換言之，正因爲道沒有任何規定性，無便成了道的代名詞。道與無同義，兩者異名而同實。這樣一來，斷言天下萬物生於道也就等於說天下萬物生於無，這是兩個等價的命題。在這個意義上，道、無可以通用，沒有太大的區別。

其二，無是道的本質特徵和基本狀態，是用以描述和說明道的。在老子那裡，無之所以與道異名而同實，並非表明道不存在，而是表明道沒有任何規定性。正如只有稱道爲無，才能將道與有形、有象的萬物區別開來一樣；只有無，才能概括道的特徵和本質。對於作爲宇宙本原的道，老子描述說：「視之不見名曰夷，聽之不聞名曰希，搏之不得名曰微。此三者不可致詰，故混而爲一。其上不皦，其下不昧，繩繩不可名，復歸於無物。是謂無狀之狀，無物之象，是謂恍惚。迎之不見其首，隨之不見其後。執古之道以御今之有，能知古始，是爲道紀。」（《老子‧第 14 章》）這就是說，道是看不見、聽不到、摸不著的，不明不暗，無前無後，是一種「無狀之狀，無物之象」。

其三，道的作用方式是無爲。老子一面斷言宇宙萬物爲道所生，道是萬物的最終本原；一面宣稱「道法自然」，道對萬物的作爲始終遵循自然原則。這表明，在派生萬物的過程中，道沒有肆意而爲，甚至連有意而爲都不是，其間不存在任何意志和好惡。這用老子本人的話說便是：「天地不仁，以萬物爲芻狗；聖人不仁，以百姓爲芻狗。天地之間，其猶橐籥乎。」（《老子‧第 5 章》）依照這種說法，在生物之時，天地把萬物當做草紮的狗一樣來對待，不懷憐愛、仁慈之心。其實，道就像一個大風箱，氣在其中一進一出，陰陽相濟，萬物便自然而然地應運而生了。這一切表明，道的顯著特徵就是自然。就作用方式而言，道是自然無爲的。

在老子那裡，「道法自然」的原則又可以表述爲無爲的原則。簡而言之，道的無爲就是不刻意、故意或有意做什麼，一切順其自然，不加干預。這主要表現在兩個方面：第一，在生物之初，作爲世界萬殊的本原，道派生萬物

是自然而然的無爲過程；不僅如此，道並不因爲萬物是自己所生便把它們據爲己有，而是產生萬物而不佔有，有所作爲而不恃功自傲，功成名就則身退而不居功。對此，老子的表述是：「生而不有，爲而不恃，功成而弗居矣。」（《老子‧第 2 章》）第二，在萬物產生之後，作爲宇宙萬物的存在依據，道對萬物的存在和生長並不予以安排或干預，即「爲而不恃，長而不宰」。老子將之說成是深奧的道德，斷言「生之畜之，生而不有，爲而不恃，長而不宰，是謂玄德」（《老子‧第 10 章》）。

　　總之，正因爲道無論是在生物之初還是在萬物產生之後都奉行無爲法則，所以，道才能「沖而用之或不盈」（《老子‧第 4 章》），才能「虛而不屈」（《老子‧第 5 章》）而無不爲。這便是：「道常無爲而無不爲。」（《老子‧第 37 章》）儘管從道的本身來看，道是無爲的，什麼也沒有去做，然而，從作用來看，道卻無不爲。

　　需要注意的是，老子把道稱爲無，除了表示道的無形、無象或無爲之外，還表示道的無名。在許多場合，無名是老子對道的別稱。例如，他聲稱：「無名天地之始，有名萬物之母。」（《老子‧第 1 章》）老子以無名稱謂道，本意是爲了強調道超言絕象，故而不可命名。具有戲劇性的是，因爲道不可稱道、不可命名，用什麼名詞、概念都無法恰當地稱謂或描繪不可道之道，所以，老子爲了說明道而使用了許多別名。在老子哲學中，道的別名遠不止「無」、「無名」和「大」等，此外還有不少。下僅舉其一斑：

　　　　谷神不死，是謂玄牝。玄牝之門，是謂天地根。（《老子‧第 6 章》）

　　玄之又玄，眾妙之門。（《老子‧第 1 章》）

　　引文中的「谷神」、「玄牝」、「天地根」和「玄」等顯然都是道的別稱。其中，「谷神」的「谷」通假爲穀，穀有生、養之義，「穀神」即生養之神。老子以「穀神」稱謂道，旨在凸顯道是生養萬物的本原。「玄牝」之「牝」原意爲鳥、獸之雌，老子用「玄牝」來稱呼道，意爲道是產生萬物的悠遠的母親。「天地根」則形象地揭示了道是派生天地萬品的根源。「玄」不僅突出了道有別於萬物的形上神韻，而且象徵著道化生萬物的玄妙神奇。

　　在老子那裡，道的不同稱謂和別名有的表明了道的存在狀態，有的則揭示了道的功能特點。它們的運用不僅呈現出《老子》文本的詩學美感，而且從不同角度共同展示了道的神韻和風采。瞭解這些別名，有助於加深對老子

之道的認識和理解。對此，必須強調的是，在道的諸多別名中，最重要的是無。在老子哲學中，無就是道的代名詞。可以說，無不僅是道的別名，而且概括了道的基本特徵、存在狀態和作用方式。甚至可以說，只有認識無對於道的至關重要，才能抓住老子哲學的實質所在。

進而言之，老子釋道爲無，在否定道的實體性的同時，給道蒙上了一層朦朧、幽冥的面紗。可以看到，老子一再渲染道的恍惚、杳茫和寂廖，始終把道的存在說得若隱若現、似有似無。這樣的例子在《老子》中絕非個案：

> 道之爲物，惟恍惟惚；惚兮恍兮，其中有象；恍兮惚兮，其中有物。窈兮冥兮，其中有精；其精甚真，其中有信。（《老子·第21章》）

> 有物混成，先天地生；寂兮廖兮，獨立而不改，周行而不殆，可以爲天下母。（《老子·第25章》）

> 淵兮似萬物之宗，……湛兮似或存。（《老子·第4章》）

儘管老子一再強調道的精湛實存、真實可信，然而，不得不承認的是，由於老子把道形容得虛無縹緲、幽冥寂寥，還是難免使人對道的真實存在半信半疑。這反過來增加了道的模糊性和朦朧感。正是道的這種似有似無、若隱若現預示了道的玄妙和奧賾，使本來就由於無狀、無象令人無從把握的道變得更加虛玄起來。這也是老子以玄稱道以及玄成爲道的另一別名的原因之一。有人評價說，老子追求朦朧美、恍惚美，人們越是對道看不清楚，說不明白，就越是對道欲罷不能，道也就愈加顯得魅力無窮。應該說，這種評價不無道理。從距離產生美感的角度而言，正因爲道無法觸摸、難以視聽，總是與人保持一定的距離而讓人無法靠近，所以才更具魅力。

通過上面的介紹可以看出，老子在本體哲學領域對道的詮釋主要集中在兩個方面：第一，把道提升爲世界本原，使道成爲一個本體哲學範疇，並在此基礎上建構了中國哲學史上第一個具有濃鬱形上意蘊的哲學體系。第二，在對道的特點、別稱、功能和作用的闡釋中，形成了別具一格的思維模式和價值取向，奠定了道家的致思方向和價值旨趣。這些都表明，道是老子本體哲學的核心範疇和話語中心。

接下來的內容顯示，道在老子的思維方式、認識哲學及政治哲學中發揮了統領、貫通和主導作用，這些領域的思想或者依據道的某一特點而來，或者以傚仿道爲旨歸。儘管不再像本體哲學那樣以道爲話語中心，卻共同展示了道在老子哲學中的提綱挈領之功。

第二節　道的運動軌跡與道家智慧

　　與孔子、墨子所尊崇的天相比，被老子奉爲世界本原的道具有更大的抽象性和辯證性，其中的辯證因素也隨之增多。「道常無爲而無不爲」頗具思辨性，在奉「常無爲而無不爲」之道爲宇宙本原的基礎上，通過對「反者道之動，弱者道之用」（《老子·第 40 章》）的揭示、運用和發揮，老子提出了一套獨到的思維方式，顯示了出奇制勝的道家智慧。

一、「反者道之動」——對立面的辯證關係

　　老子斷言，道運動的軌跡是向自己的對立面轉化。對此，他概括爲「反者道之動」。道的這一特點和運行軌跡決定了正與反是變動的而非固定的。以此爲切入點，老子進一步探討了矛盾對立面之間的關係。

　　其一，對立面的普遍存在。老子覺察到了任何事物都有其反面，並從中認識到了對立面的普遍存在。《老子》中對立面的出現比比皆是。例如，對於自然界中存在的對立面，書中列出了大小、高下、前後、生死、終始、正反、長短、美惡、敝新、剛柔、有無、損益、陰陽、盈虛、靜躁、曲全、枉直和雌雄等。就人類社會而言，除了自然界中存在的生死、美丑、陰陽和損益之外，還有大量自然界所沒有的特殊的對立面，如難易、進退、古今、智愚、巧拙、善妖、強弱、興廢、與奪、正奇、勝敗、利害、貴賤、榮辱、吉凶和禍福等等。由此可見，不僅自然界中存在著大量的對立面，對立面在人類社會中更是普遍存在。

　　其二，對立面的相互聯繫和依存。老子不僅注意到了對立面在自然界和人類社會中的普遍存在，而且進一步探究了矛盾雙方之間的關係。在他看來，對立雙方之間並不是彼此孤立、各不相關的；恰好相反，它們相互聯繫、相互依賴，互爲存在的前提和條件。《老子》有言：「天下皆知美之爲美，斯惡矣；皆知善之爲善，斯不善矣。故有無相生，難易相成，長短相形，高下相傾，音聲相和，前後相隨，恒也。」（《老子·第 2 章》）這就是說，美之所以成爲美，是因爲醜的存在；善之所以成爲善，是因爲世界上存在著惡。美丑、善惡的關係如此，有無、難易、長短、高下和前後等對立面之間的關係都概莫能外。

　　其三，對立面的相互轉化。老子不僅認識到了對立面之間的相互依賴，而且肯定它們之間可以相互轉化。正是在這個意義上，他不止一次地說道：

物或損之而益，或益之而損。(《老子‧第 42 章》)

禍兮，福之所倚；福兮，禍之所伏。(《老子‧第 58 章》)

這就是說，事物的增加與減少是相互轉化的——正如少的可以變多一樣，多的也可以變少；人間的吉凶、禍福也是如此——禍中潛伏著福，福中埋下禍根。其實，事物時時都處於大與小、高與下、新與舊和禍與福的相互轉化之中。

總之，基於「反者道之動」的邏輯，老子肯定了對立面的普遍存在。在闡釋對立面之間的關係時，他不僅承認矛盾的普遍存在，而且對矛盾雙方的關係做了動態的辯證理解。正是這一關注和理解奠定了老子謀略智慧的哲學基礎。

二、「弱者道之用」——「柔弱勝剛強」的謀略智慧

沿著「反者道之動」的運行軌跡和演變模式，老子設想從反面入手達到正面的目的。這用他本人的話說便是：「將欲歙之，必固張之；將欲弱之，必固強之；將欲廢之，必固興之；將欲奪之，必固與之。」(《老子‧第 36 章》)循著這個邏輯，想要收斂，必先開放；想要削弱，必先加強；想要廢除，必先振興；想要奪取，必先給予。總之，要實現某種意圖，不可直奔目標走直線，而一定要從反面著手，才能達到目的。有人將老子的這套思想方法和行為原則稱為反向思維。

更為重要的是，「反者道之動」的思維定式注定了由小至大、由弱而強的轉化與由大至小、由強而弱的轉化在老子看來具有不同的前景和價值。因此，老子在極力否認後者價值前景的同時，對前者充滿期待和渴望。可以看到，在審視對立面的相互轉化時，老子對事物由弱變強、由小變大的轉變與由大變小、由強變弱的轉化區別對待：一方面，他否定剛強的價值和意義，指出「物壯則老」(《老子‧第 55 章》)，「兵強則滅，木強則折」(《老子‧第 76 章》)。另一方面，老子相信，與強壯的必然變老、堅硬的必然易斷、話說的聽的多了必然困惑相反，只有少的才能得到更多，只有窪地才能變得充滿，只有彎曲才能求全。這正如《老子》書中所云：「曲則全，枉則直，窪則盈，敝則新，少則得，多則惑。」(《老子‧第 22 章》)基於這種認識，在承認大小、強弱相互轉化的同時，老子看中事物由小到大、由低向高、由近及遠、由易而難、由弱變強和由柔而剛的變化。他聲稱：「合抱之木，生於毫末；九層之臺，起

於累土；千里之行，始於足下。」（《老子‧第 64 章》）大的東西都是由小的東西變化而來的，從生於毫末、起於壘土和始於足下的角度看，巨木、高臺和遠行不再偉大和崇高；相反，毫末、累土和足下卻擁有了非凡的前景和意義。循著這一思路，老子提出了做事從小處、易處著手的行為方式和方法原則。這用他本人的話說便是：「圖難於其易，為大於其細。天下難事，必作於易；天下大事，必作於細。」（《老子‧第 63 章》）

老子企圖從不起眼之處著手圖謀大計，使用柔弱的手段以柔克剛，用四兩撥千斤的方法，最後收到出奇不意的效果。對於這套思路和方法，老子概括為：「柔弱勝剛強。」（《老子‧第 63 章》）在他看來，萬物出生時都很柔弱，可是，從發展趨勢上看則必將走向強大；萬物一旦強壯起來了，也就預示著將由盛轉衰，開始走向衰老和死亡了。這表明，柔弱預示著明天的希望，剛強者沒有未來，未來屬於今天的柔弱者。正反兩方面的對比促使老子得出了如下結論：「天下之至柔，馳騁天下之至剛。」（《老子‧第 43 章》）對此，他一再強調：

> 天下莫柔弱於水，而攻堅強者莫之能勝，其無以易之。弱之勝強，柔之勝剛，天下莫不知，而莫之能行。……正言若反也。（《老子‧第 78 章》）

> 人之生也柔弱，其死也堅強。萬物草木之生也柔脆，其死也枯槁。故堅強者死之徒，柔弱者生之徒。……堅強處下，柔弱處上。（《老子‧第 76 章》）

進而言之，老子不僅把以柔克剛、以弱勝強說成是宇宙的普遍法則，而且將這一法則與「道常無為而無不為」相結合，創造了一套「柔弱」「退守」「守雌」「謙下」「不爭」的生存智慧和行為策略。《老子》書中關於這方面的表述特別多，「以其不爭，故天下莫能與之爭」（《老子‧第 66 章》）便是其中之一。在他看來，正如只有無為才能「無不為」一樣，人只有不爭才能無往而不勝。對於這一點，老子有時表述為以其不先故為天下先。由此可見，老子的真正目的是通過「不爭」之手段，達到「莫能與之爭」之目的，「不爭」並不是目的本身。這裡的「退守」「柔弱」等與「不爭」一樣都是手段，是技巧和謀略，而不是真正的意圖或最終目的。很顯然，老子的真正目的是進攻和剛強。

其實，老子的思維方式和所有策略都有其本體哲學的依託，既與「反者

道之動」一脈相承，又沒有脫離「道常無為而無不為」的思維範式。既然紛紛擾擾的事物都是從宇宙本原——道產生出來的，那麼，與其忙忙碌碌而顧此失彼地捨本逐末，倒不如追本溯源而一勞永逸地事半功倍。正是在這個意義上，老子反覆申明：

> 天下有始，以為天下母；既得其母，以知其子；既知其子，復守其母，沒身不殆。（《老子·第 52 章》）

> 知其雄，守其雌，為天下溪；為天下溪，常德不離，復歸於嬰兒；知其白，守其黑，為天下式；為天下式，常德不忒，復歸於無極。知其榮，守其辱，為天下谷；為天下谷，常德乃足，復歸於樸。

> （《老子·第 28 章》）

從「道常無為而無不為」出發，老子認定無比有在方法論上更具價值和意義，進而斷言只有無才能有所用。為了證明這一點，他用事實說話：「三十輻共一轂，當其無，有車之用；埏埴以為器，當其無，有器之用；鑿戶牖以為室，當其無，有室之用。故有之以為利，無之以為用。」（《老子·第 11 章》）由此，老子在作用上凸顯無的地位，最終得出了「天下萬物生於有，有生於無」的論斷。

第三節　道的超言絕象與直覺方法

在認識領域，老子否認感性認識的作用，推崇「玄同」、「玄覽」等直覺方法。顯而易見，老子的這些觀點和做法都可以在他對宇宙本原——道的規定中找到根基和理由。如果說道的「常無為而無不為」是貶低感性認識和理性認識的大背景的話，那麼，道的超言絕象則是擯棄感性認識的直接理由。不僅如此，道的超言絕象在把感性認識淘汰出局的同時，又與語言自身的缺陷一起促使老子將希望寄託在直觀、直覺上。這便是老子所講的「玄同」、「玄覽」。

一、「為道」與「為學」——道之無為與對感性認識的擯棄

基於道之無，老子否認感性認識可以把握道的可能性。為此，他先是對人的活動進行了區分，把追求具體事物獲得知識的過程叫做「為學」，把體悟宇宙萬物的本原——道的過程叫做「為道」。接著，老子強調，「為學」與「為道」是兩種不同的活動，遵循不同的規律和法則。具體地說，兩者的最大區

別是：「爲學日益，爲道日損。」（《老子·第48章》）沿著這個思路，鑒於對具體事物的認識越積累越多，對道的體悟則越減損越少，老子認爲「爲道」與「爲學」是相互牴牾的，只有把對世界的感性認識全部加以拋棄，才能更好地「爲道」。「爲道」的途徑和方法就是通過「絕聖棄智」，達到「絕學無憂」。

老子斷言：「五色令人目盲，五音令人耳聾，五味令人口爽。」（《老子·第 12 章》）既然五色、五音和五味等外部對象會傷害人的感覺器官，那麼，人也就不應該用感官去接觸它們。由此，老子告誡人們：「塞其兌，閉其門，終身不瘽。開其兌，濟其事，終身不救。」（《老子·第 52 章》）這就是說，只有把眼睛和嘴巴閉上，把耳朵和鼻子堵上，對外物不看不摸、不聽不聞，才能遠離疾病或免於被外物所傷；如果一味地對外物加以感知的話，那麼便會不可救藥。事實上，沉迷於對外物的認識不僅會給人帶來危害，而且對認識無象、無名之道毫無用處。有鑑於此，他呼籲：「損之又損，以至於無爲。」（《老子·第48章》）至此，老子主張完全取消感性認識，以無所用心、一無所知的姿態來把握道。這用他本人的話說便是：「不出戶，知天下；不窺牖，見天道。其出彌遠，其知彌少。是以聖人不行而知，不見而名，不爲而成。」（《老子·第 47 章》）

在這裡，有兩個問題有待進一步澄清：第一，老子主張拋棄感性認識，不僅因爲感性認識的對象損害人的感官，而且因爲「爲學」與「爲道」的不同法則——在「爲道」的「損之又損」中，感性認識被減損亦在情理之中，甚至被剔除也是必然的結局。不過，在「爲道日損」的意義上，理性認識與感性認識一樣都在被「損」之列。感性認識之所以成爲被老子擯棄的首要對象，還有一個主要原因，那就是：道是沒有任何規定性的無。由於道無形、無象、無狀，既不可聽見，又不可觸摸，永遠都不能進入人的感覺世界，感性認識當然也就對之捉襟見肘、無能爲力了。第二，在拋棄感性認識之後，老子並沒有走向唯理論，而是置理性認識於一旁，進而爲「玄同」、「玄覽」等直覺方法大開方便之門。

二、道之絕象超言與語言自身的缺陷——「玄同」「玄覽」之直覺方法

基於對道之絕象超言與語言自身的認識，老子提出了「玄同」、「玄覽」等直覺方法。一般地說，中國古代哲學家的本體哲學與認識哲學是相通的，

也就是說，在本體哲學領域奉什麼爲宇宙本原，在認識哲學領域往往以追求這種宇宙本原爲目標；在本體哲學領域如何構想世界，在認識哲學領域便以相應的形式去接近這個世界。這條規則同樣適用於老子哲學。具體地說，由於把道視爲宇宙的最高存在，老子必然把「爲道」奉爲人生的最高境界和認識的終極目標；同樣的道理，既然老子恪守「道常無爲而無不爲」，把道描述得無形無象，超言絕象，當然也就不能用視聽言觸等感性認識或語言交流等手段去認識和把握道了。這是理解老子認識哲學的理論前提。

按照老子的說法，道最基本的特徵是無。無除了表示道無聲、無象、無狀之外，還說明了道無名。對此，整部《老子》，開頭第一句話便說：「道可道，非常道，名可名，非常名。」（《老子・第 1 章》）正如不可以言說一樣，道也不可以命名。從這個意義上說，作爲天地之始的道也就是無可言表的「無名」了。對於道，老子直言不諱地聲稱：「吾不知其名，字之曰道。強爲之名曰大。」（《老子・第 25 章》）老子宣稱道排斥語言，不可用名來稱謂或命名，不可用語言進行傳遞或交流，也就等於否定了人通過語言去認識和接近道的可能性。

問題到此並沒有結束，老子一面凸顯道的超言絕象，一面極力誇大語言自身的缺陷，尤其懷疑語言之真。在他看來，語言的真與美是脫節的，因爲真實的話語失雅，文雅的語言失真。這用老子本人的話說便是：「信言不美，美言不信。」（《老子・第 81 章》）鑒於語言自身這種無法克服的致命缺陷，老子自然對它敬而遠之，不言似乎成了唯一的結局。於是，他不止一次地聲稱：

知者不言，言者不知。（《老子・第 56 章》）

善者不辯，辯者不善。（《老子・第 81 章》）

至此，道既然無形、無象、無聲，無法被人們所感覺，當然也就不能用通常的感性認識來加以把握；道既然不可感知、不可言說，也就不能進入人的感性認識和理性認識的視野。在這裡，老子拋棄了感性認識和理性認識，語言也被排斥出局。在做了這樣一番「損之又損」的工作之後，老子提出用靜觀的方法來把握道。對於這套方法，他描述說：「致其極，守靜篤。萬物並作，吾以觀復。夫物芸芸，各復歸其根。歸根曰靜，是曰覆命，覆命曰常，知常曰明。不知常，妄作，凶。」（《老子・第 16 章》）

在老子那裡，這套靜觀的方法又叫「玄同」或「玄覽」。所謂「玄同」，就是堵塞感覺器官，挫敗人的鋒芒，泯滅萬物之間的差別，混合人們之間的德采，使之不再標新立異。這用他本人的話說便是：「塞其兌，閉其門，挫其

銳，解其紛，和其光，同其塵，是謂玄同。」（《老子·第 56 章》）所謂「玄覽」，全稱是「滌除玄覽」，也是一種內心直觀的方法。「玄覽」即把內心打掃得乾乾淨淨，使心像一面最清澈幽深的鏡子一樣，不沾一點灰塵，以便不受任何外來干擾，萬物自然呈現在面前。按照老子的理解，各種事物儘管複雜紛紜、變幻無常，循環往復卻總要回到老根，這是事物變化的根本之道。人要認識、洞察這個道，不是使用耳目等認識器官，而是使內心清靜，虛寂達於頂點，從而反觀道之全貌。

可以看出，老子提出的得道方法既受制於對道超言絕象的特徵的認識，又基於「反者道之動」的運籌帷幄。與老子對「棄智」、「絕學」的呼籲源於道的無爲一樣，無論是「玄同」還是「玄覽」都帶有「常無爲而無不爲」之道打上的先天胎記。

第四節　道之無爲與政治哲學

在政治哲學領域，老子崇尙無爲而治。老子所講的無爲而治既是「道常無爲而無不爲」在政治哲學領域的具體運用，又反過來將「道常無爲而無不爲」的致思方向和價值旨趣發揮到了極致。

老子的「人法地，地法天，天法道」通過層層推進傳遞出人以道爲法的行爲路線和處世原則，當此人是在上者時，這套行爲路線和處世哲學同時也是政治路線和統治方案。學術界一直有這樣一種觀點，《老子》書中的「人」字其實就是「王」字，《老子》是政治書。退而言之，即使不將《老子》中的「人」訓爲「王」，有一點依然是不爭的事實，那就是：「道常無爲而無不爲」的作用機制昭示了人們成就大業的秘訣，甚至可以說，這個命題本身就蘊涵著王者之道。這便是《老子》在中國歷史上被眾多王侯青睞的原因所在。老子的政治哲學以傚仿道的作用方式爲旨歸，尤其是淋漓盡致地發揮和運用了道的無爲原則。

首先，在老子哲學中，傚仿「道常無爲而無不爲」而來的無爲而治要求，治理國家不能採取物質刺激等經濟手段。因此，他不止一次地斷言：

> 馳騁田獵令人心發狂，難得之貨令人行妨。（《老子·第 12 章》）

> 民多利器，國家滋昏；人多伎巧，奇物滋起。（《老子·第 57 章》）

　　按照這種說法，物質財富和享樂激發人的種種奢望而使人多欲，「利器」、「奇貨」會給人的生活乃至國家的安定帶來麻煩和混亂，它們的存在是國家昏暗和盜賊蜂起的原因。有鑑於此，實行無爲而治，決不能採取物質獎勵或經濟刺激等手段。相反，只有不以物稀者爲貴，人才自然而然地不再去偷盜；看不見刺激欲望的東西，人的心情才會靜如止水而不再狂亂。這樣一來，才能達到社會安定和治理的目的。

　　其次，因循「道常無爲而無不爲」的思路展開的無爲而治排斥一切有爲的手段，不能使用催人奮進的道德感化治國理民成爲老子無爲而治的題中應有之義。可以看到，老子不僅對物質財富持淡漠甚至否定態度，而且否認知識、文化和仁義道德等在治理國家中的積極作用。這便是：「大道廢，有仁義；智慧出，有大僞；六親不和，有孝慈。」（《老子‧第 18 章》）循著這個思路，虛僞、紛爭都是智慧和道德引發的後果，由於道德和智慧的參與，人變得不再眞誠和眞實，於是出現了虛僞。爲了從根本上消滅虛僞，必須廢黜智慧，使人無知無識。這樣一來，由於斷絕了製造虛僞的心機，也就從根本上剷除了虛僞。

　　老子進一步指出，老百姓之所以難以統治，主要是因爲他們的知識和心智太多。因此，治理國家不是使百姓變得越來越聰穎、越明白，而是使之變得越來越糊塗、越愚昧。正是在這個意義上，他說道：「古之善爲道者，非以明民，將以愚民。民之難治，以其智多，故以智治國，國之賊；不以智治國，國之福。」（《老子‧第 65 章》）鑒於道德、知識等精神文明給人的本眞和社會安定造成的危害，在聲稱聖人治國安民的策略是消除百姓心中之所思所想的基礎上，老子對老百姓的心與腹、志與骨採取虛與實、弱與強等截然不同的方法，並且得出了「是以聖人爲腹不爲目」（《老子‧第 12 章》）的結論——這一點使人不禁想起了老子所說的「塞其兌，閉其門，終身不瘽。開其兌，濟其事，終身不救」。

　　再次，老子傚仿「道常無爲而無不爲」提出無爲而治，既然要求統治者以無爲的原則治國理民，便意味著統治者的行政策略和人的處世原則是無爲。在他設想的無爲而治的國度裏，由於不追求物質利益，不崇尙知識道德，百姓自然處於無知無欲的狀態。與老百姓的愚昧無知相對應，統治者的管理不是運用智慧而是絕知去智。在這個意義上，老子強調，在上者以智治國是禍國，以愚治國才是國家的運祉。這是因爲，國家的政治越混濁，民間的風氣越純樸；國家的政治越清明，老百姓則會變得越狡猾。這用他本人的話說

便是：「其政悶悶，其民淳淳。其政察察，其民缺缺。」（《老子・第58章》）正是由於這個原因，洞徹道之真諦的聖人對百姓實行無為而治，一切順其自然，決不喋喋不休地加以引導或教化。對此，老子宣稱：「是以聖人處無為之事，行不言之教。」（《老子・第2章》）

無為不僅是老子的政治原則和統治之方，而且是他效法「道常無為而無不為」提煉的處世哲學和人生智慧。具體地說，在老子設計的無為而治的理想國度中，從統治者方面來說，既不依靠經濟刺激等物質手段，也不信憑道德鼓勵之方法；不僅對百姓無為而治，自己也過著淡泊無為的生活。從老百姓方面來說，由於沒有了競爭，沒有了誘惑，生活過得恬淡、無為，自然從容。這時，無為從統治之方變成了處世之道。無為的處世之道便是「守雌」、「不爭」等。

老子認為，如果說物質財富使人多欲和多私的話，那麼，知識道德則使人虛偽和失真。只有拋棄所有的物質財富和精神文明，才能使人返璞歸真，其樂融融。於是，老子設想：「絕聖棄智，民利百倍；絕仁去義，民復孝慈；絕巧去利，盜賊烏有。……見素抱樸，少私寡欲，絕學無憂。」（《老子・第19章》）按照老子的設想和邏輯，實行無為而治，不崇尚賢能，人們心地單純，復歸孝慈，自然就沒有了好勝和爭鬥。如此一來，老百姓始終保持著無知無欲的狀態，聖人從而收到無為而治、不治而無不治之效。《老子》曰：「不尚賢，使民不爭；不貴難得之貨，使民不為盜；不見可欲，使民心不亂。是以聖人之治，虛其心，實其腹，弱其志，強其骨，常使民無知無欲，使夫智者不敢為也。為無為，則無不治。」（《老子・第3章》）至此，道的「常無為而無不為」轉化為聖人的「為無為，則無不治」。

基於這種認識，老子希望人們閒置一切生活器具，擯棄精神文明，完全生活在自在自發的狀態之中。於是，《老子》描繪了這樣一幅社會願景：「小國寡民，使有什伯之器而不用；使民重死而不遠徙；雖有舟輿，無所乘之；雖有甲兵，無所陳之。使人復結繩而用之。甘其食，美其服，安其居，樂其俗。鄰國相望，雞犬之聲相聞，民至老死不相往來。」（《老子・第80章》）這表明，老子魂牽夢縈的理想社會和生活方式是：國小、人少，用不著各種器物，既不乘舟車，也不要文字，有的只是遠古的結繩而治。這裡沒有廝殺、遠離戰爭，人們永遠定居在一個閉塞的小天地裏；人與人之間彼此孤立，自給自足，過著「甘其食，美其服，安其居，樂其俗」的生活。值得注意的是，

小國中的寡民之所以在飲食、衣服、居住和心理等方方面面都能夠擁有甘、美、安、樂之愜意和滿足，對生活擁有極高的幸福指數，是因爲他們遠離一切物質文明，排斥文化知識。這與老子無爲而治的設想是一致的，也是無爲而治的烏托邦樣板。

　　總之，老子在政治哲學領域奉行無爲而治，無論他對物質利益的貶斥還是對知識道德的罷黜都始終圍繞著通過無爲達到無不爲這一思維定式展開。這表明，老子的政治哲學與「道常無爲而無不爲」的本體哲學和思維方式一脈相承，不僅貫徹和運用了道的「無爲而無不爲」，而且帶有「弱者道之用」的痕跡。具體地說，既然道的特點是向自己相反的方向轉化，那麼，做事情就沒有必要緊緊盯住目標不放，而應該從反面出奇制勝——要想治，就應該以不治始；既然道的基本特徵是無，作用方式是「無爲而無不爲」，道因爲無爲才能夠無所不爲，那麼，人要想有所爲，落腳點必須鎖定在無爲上；對於統治者來說，只有通過無爲之手段，才能達到無不爲（「無不治」）之效果。

　　就歷史哲學而言，從老子到孔子、墨子都有復古傾向，復古的動機和內涵卻不可同日而語：出於對古代（主要是西周）禮儀的推崇和對文王、周公等古代先賢的傾慕，孔子「信而好古」（《論語・述而》），幻想恢復到「鬱鬱乎文哉」（《論語・八佾》）的西周禮制。墨子是出於對古代聖王的尊崇呼籲「上本之於古者聖王之事」（《墨子・非命上》），尤其對夏朝情有獨鍾。老子則出於對文明造成的人之異化的覺醒而對人類文明懷有敵意，由此幻想恢復到沒有經過文明洗禮和文化薰陶的蒙昧時代——「結繩而用」的遠古，其中的反文化傾向是毋庸置疑的。由此可見，老子的復古情結與孔子、墨子相比不在於所復之古的年代更爲久遠，而在於致思方向和價值旨趣的懸殊。孔子也嚮往無爲而治，《論語》記載：「子曰：『無爲而治者，其舜也與？夫何爲哉？恭己正南面而已矣。』」（《論語・衛靈公》）韓非認爲，奉法而治，因法賞罰便是無爲而治。與此不同，老子恪守「道常無爲而無不爲」，並將一切道德（諸如孔子代表的儒家的禮樂教化）、法律（諸如韓非代表的法術模式）都視爲有爲。排除了所有這些有爲之後，「無爲」就只剩下沒有經過文明洗禮的遠古時代了。這就是說，只有從「道常無爲而無不爲」切入，才能深刻體悟老子無爲而治的邏輯脈絡和理論特質。

　　綜上所述，道不僅是老子本體哲學的核心，而且貫穿思維方式、認識哲學和政治哲學等諸多領域。在本體哲學中，老子的道論著力說明了道的特點、

別名、規定以及存在狀態和作用方式，凸顯了道與無的密切相關。如果說老子的本體哲學始終以道爲中心的話，那麼，他的思維方式、認識哲學和政治哲學則是對本原之道某一特徵的發揮和引申。道的特點和特徵在某種程度上決定了老子的思維方式、認識哲學、政治哲學的邏輯脈絡和基本主張。這些共同印證了道在老子哲學中的統領作用。因此，儘管在本體哲學與其他領域的呈現有顯隱之分，道的核心地位和統領作用卻別無二致。道在老子哲學中的這種統領作用正應了老子說的那句老話——「道常無爲而無不爲」。

第三章　墨子哲學的三位一體

墨子的哲學思想和主張以命題的形式表達出來，大多以兩字為題，如「天志」「明鬼」「非命」「尚賢」「尚同」「非樂」「節葬」「節用」等，這些也成為《墨子》的篇名。言簡意賅，一目了然。除此之外，墨子有「天欲義而惡不義」的主張。「天欲義而惡不義」與「貴義」一樣表達了墨子對義的推崇備至，同時也是墨子哲學的基本命題。作為「天志」的具體內容，「天欲義而惡不義」無疑屬於本體哲學的範疇。當義成為道德哲學的核心，「義政」成為政治哲學的理想境界時，「天欲義而惡不義」便有了道德哲學、政治哲學的神韻和風采。在墨子哲學中，「天欲義而惡不義」具有不同的層次結構和內涵意蘊，也將墨子本體哲學—道德哲學—政治哲學的三位一體表現得淋漓盡致。這使「天欲義而惡不義」對於墨子的哲學觀至關重要，也成為解讀墨子哲學的最佳視角。

第一節　「天志」

在本體哲學領域，墨子主張「天志」，並且宣稱「天欲義而惡不義」。這使「天欲義而惡不義」成為「天志」的具體條目，對於解讀「天志」不可或缺。事實上，不惟對於「天志」，「天欲義而惡不義」也是解讀「天志」的其他條目——如「尚同」「尚賢」「兼愛」「非攻」的一把鑰匙，更是透視「天欲義而惡不義」集本體哲學、道德哲學與政治哲學於一體的理論關鍵。

一、天論與「天志」

墨子尊天，有時將天稱為「上帝」，如「古者上帝鬼神之建設國都、立正長也」（《墨子‧尚同中》）和「以祭祀於上帝鬼神」（《墨子‧天志上》）等。

在他看來，天是宇宙萬物的主宰，自然界中的萬事萬物——從日月星辰到四時變化、從雪霜雨露到五穀絲麻都是上天創造的。對此，墨子寫道：「（此處主語是天、下同——引者注）磨爲日月星辰，以昭道之；制爲四時，春秋冬夏，以紀綱之；雷降雪霜雨露，以長遂五穀麻絲，使民得而財利之；列爲山川溪谷；播賦百事，以臨司民之善否。……賦金木鳥獸，從事乎五穀麻絲，以爲民衣食之財。」（《墨子‧天志中》）與此同時，他把人類社會的形成及其秩序說成是上天的安排，確信上天爲人類社會立天子、設正長，「爲王公諸伯，使之賞賢而罰暴」（《墨子‧天志中》）。這就是說，上天親自安排了人類社會的各級官員和統治秩序，並且親自制定了人的行爲規範和人間的行政原則——「尚同」「尚賢」「貴義」「兼愛」和「非攻」等。

天是宇宙萬物的主宰，創造了包括自然界和人類社會在內的一切。這是墨子的哲學主張，同樣適用於孔子和孟子。這就是說，在恪守天的絕對權威上，墨子代表的墨家和儒家（孔子、孟子）的主張別無二致。這一點有目共睹。儘管如此，這只是問題的一個方面，問題的另一方面是，墨子與儒家對上天權威的理解具有原則區別。例如，創造世界的上天是何種存在？上天創造、主宰宇宙的方式如何？對此，墨子與儒家的回答相去甚遠。儒家（尤其是孔子）斷言上天是一種不言不語的存在，當「天何言哉？四時行焉，百物生焉，天何言哉」（《論語‧陽貨》）成爲不證自明的公理時，天創造自然界和人類社會的過程不言而神秘、隨機而莫測也就成爲順理成章的事了。正是在這個意義上，孟子宣稱：「皆天也，非人之所能爲也。莫之爲而爲者，天也；莫之致而至者，命也。」（《孟子‧萬章上》）對於孔子、孟子代表的原始儒家而言，既然上天如此神秘莫測，上天對世界的主宰沒有因果必然性可循，那麼，「畏天命」（《論語‧季氏》）便是對待天的最佳選擇。可見，孔子和孟子儘管都篤信天對人之命運的主宰，卻淡漠天的意志和欲望。與此相反，墨子認爲上天遵循因果必然法則，上天對人之命運的主宰具有一定之規。更爲重要的是，他宣稱，上天具有自己的意志和好惡，按照自己的意志來創造宇宙。至此，上天是否具有意志成爲墨家與儒家的分歧所在。墨子堅信，上天具有意志和好惡，並且創造了一個命題或概念。這就是「天志」。

「天志」具有濃厚的墨學風采和神韻，也是墨家與儒家哲學的分水嶺。「天志」既構成了墨子本體哲學的主要內容，又旗幟鮮明地伸張了有別於儒家的學術立場和致思方向。「天志」表明，在對天的理解上，如果說孔子之天是無

知無欲的冥冥存在的話，那麼，墨子之天則有意志和好惡，儼然一尊人格之神。這就是說，儒家和墨家雖然都恪守天命論，但是，兩家所崇拜的天具有不同的內涵神韻和精神實質——相同的只是天之形而非天之神。在這方面，如果說恪守天的至上權威與儒、墨兩家在先秦之時並稱「顯學」（泱泱百家，「顯學」僅此兩家）之間具有某種內在的學術關聯的話，那麼，對天的不同詮釋則預示了兩家在秦代之後迥然懸殊的學術命運。

二、「天志」與「天欲義而惡不義」

作為墨子本體哲學的主要內容，「天志」具有非同一般的重要意義。那麼，作為一個重要的哲學範疇，「天志」的基本內涵是什麼？換言之，天何志之有？「天志」的具體內容又是什麼？為了更好地解釋、說明上天的意志和欲望，墨子推出了「天志」這一獨具特色的概念，並且作《天志》上中下篇，集中對「天志」進行闡揚。其實，並不限於《天志》三篇，《墨子》書中多處牽涉到墨子的「天志」思想。

大致說來，「天志」在墨子哲學中包括三層含義：第一，從天的存在狀態來看，天有意志、有欲望，並非寂寞無為之體——如老子之道，也非冥冥存在——如孔子之天。第二，從天的作用方式來看，天憑自己的意志和好惡創造了整個世界，並對人的行為進行賞罰。第三，從「天志」的具體內容來看，天有「欲義而惡不義」、「欲人之相愛相利」、「不欲人之相惡相賊」、「尚同」和「尚賢」之志。《墨子》書中具體表述上天之志的言論比比皆是，下僅舉其一斑：

> 然則天亦何欲何惡？天欲義而惡不義。（《墨子・天志上》）

> 然而天何欲何惡者也？天必欲人之相愛相利，而不欲人之相惡相賊也。（《墨子・法儀》）

> 今若天飄風苦雨，溱溱而至者，此天之所以罰百姓之不上同於天者也。（《墨子・尚同上》）

> 故古聖王以審以尚賢使能為政，而取法於天。雖天亦不辯貧富、貴賤、遠邇、親疏，賢者舉而尚之，不肖者抑而廢之。（《墨子・尚賢中》）

從墨子的上述議論可以看出，「欲義」（第一段引文所示）、「兼愛」（第二段引文——「欲人之相愛相利」）、「非攻」（第二段引文——「不欲人之相惡

相賊」）、「尚同」（第三段引文所示）和「尚賢」（第四段引文——循著墨子的邏輯，上天依據自己的意志對人的行為施以賞罰，即人的行為同於上天得賞，不同於上天遭罰。據此，天罰人證明人做了天所不欲；既然人不上同於天是天所不欲，那麼，便可以由此推出天之所欲是人上同於天。墨子稱之為「尚同」）等均是上天之志。由此看來，墨子認為，上天不僅有意志，而且意志和願望不止一種。因此，他在這裡至少就臚列出了五種之多。

值得注意的是，墨子所講的上天的各種欲望並不是並列的，也不是平等的。其中，最根本的是「欲義而惡不義」：第一，從作用來看，義對於天下的生死、富貧和治亂具有至關重要的意義。墨子宣稱：「然則何以知天之欲義而惡不義？曰：天下有義則生，無義則死；有義則富，無義則貧；有義則治，無義則亂。然則天欲其生而惡其死，欲其富而惡其貧，欲其治而惡其亂，此我所以知天欲義而惡不義也。」（《墨子·天志上》）在他看來，義不僅決定著天下的富貧治亂，而且直接關係到天下的生死存亡。與義的作用明顯不同，無論「兼愛」、「非攻」還是「尚同」、「尚賢」充其量只能影響天下的富貧和治亂，決不會直接關係到天下的生和死。毫無疑問，天下的富貧、治亂與生死是不同層次的問題，義與「兼愛」、「非攻」、「尚同」和「尚賢」之間不同的勢力範圍和作用效果表明，不可對「天欲義而惡不義」與「天志」的其他條目等量齊觀。第二，從地位來看，雖然同為上天的欲望，但是，「欲義而惡不義」是核心，「兼愛」、「非攻」、「尚同」和「尚賢」等均以義為本，故而圍繞著「天欲義而惡不義」展開。無論「天欲義而惡不義」作為道德觀念、行為規範還是作為統治方案、行政措施，「兼愛」、「非攻」、「尚同」、「尚賢」都可以視為義的具體表現和實際貫徹。具體地說，「兼愛」和「非攻」源自「天欲義而惡不義」的需要，不僅「兼愛」、「非攻」本身就是義，反之則是不義；而且「兼愛」、「非攻」所行之義就是「天欲義而惡不義」之義。「尚同」是說，「天欲義而惡不義」——上天欲義在先，所以，「法天」、上同於天的人才「貴義」，可見，天欲義是人「貴義」的哲學根基和理論前提。「尚賢」是因為賢者作為法天的榜樣「貴義」而行，所以，為保障「天欲義而惡不義」的實施而尚之。分析至此可以得出如下認識：儘管同樣來源於「天志」，然而，「欲義而惡不義」無論作用還是地位均與「兼愛」、「非攻」、「尚同」、「尚賢」不容混淆：「天欲義而惡不義」始終處於根本的、核心的地位，「兼愛」、「非攻」、「尚同」、「尚賢」只不過是「欲義而惡不義」的表現形式和具體操作而已。

當然，這與作為「天志」的具體條目時，其間關係的並列和平等並不矛盾。

三、「天欲義而惡不義」與「兼愛」「非攻」「尚同」「尚賢」

對於墨子來說，作為天之志，「天欲義而惡不義」之義只是上天的意志和欲望，尚屬於觀念形態。那麼，如何保障上天的「欲義」之志得以實現，也就是從天的觀念變成人的觀念，進一步變成實際操作，最終外顯、轉化為人的行為呢？「兼愛」、「非攻」、「尚同」和「尚賢」解決了這個問題。

墨子斷言，上天具有「兼愛」、「非攻」、「尚同」和「尚賢」之志，上天的這些意志和欲望有效地保障了「欲義而惡不義」的貫徹落實：第一，從思想路線和行為原則來看，「尚同」既是上天對人的要求，又是判斷人之言行的是非標準。這決定了人之言論和行為必須上同於天。循著這個邏輯，既然「天欲義而惡不義」，那麼，人便應該以義為貴，一切言行都必須符合義的要求。當然，「兼愛」「非攻」和「尚賢」作為「天志」的具體條目，也是人「尚同」——上同於天的重要內容。這表明，「尚同」不僅決定了「兼愛」「非攻」「尚賢」乃至「尚同」本身的最終解釋權在天，而且決定了它們始終貫徹著「天欲義而惡不義」的原則。獲得了這樣的「前理解」，便容易理解墨子的諸多做法了：講「兼愛」和「非攻」時，把人與人相殘相賊的根源歸結為「一人一義，十人十義」的「虧人自利」；講「尚賢」時，將具體做法和執行標準說成是「尚同一義」。第二，從具體措施和實踐操作來看，天「尚賢」，並以此為標準選定了在人間的代理人——替天行道的天子，從而為「欲義而惡不義」在人間的貫徹實施上了一道保險；當天子法天治國，「以尚賢使能為政」，確保國君、三公和正長皆為「仁人」之時，等於為「天欲義而惡不義」又加了一道保險。在「尚同」和「尚賢」所投注的雙重保險的把守下，不僅可以使天下「貴義」，而且可以保障天下所貴之義同於上天之義，從而達到天下一義、一於上天之義的效果。與此同時，「兼愛」、「非攻」使「天欲義而惡不義」得以細化和具體化，變得切實可行，從而落到實處——既成為人內心的信念，又作為人與人之間的關係而演繹為人倫日用。至此，「尚同」和「尚賢」使「天欲義而惡不義」從公共領域貫徹到私人空間，勢力範圍和對人的統攝一路攀升。

總之，作為墨子哲學中天本論的一部分，「天欲義而惡不義」擁有雙重屬性：一方面，「天志」是純粹的本體哲學範疇，作為「天志」的具體條目，「天欲義而惡不義」理應屬於形而上的本體領域。另一方面，「天志」雖然是上天

之志，但是，它最終要表現爲人之志和人之行。並且，「欲義」作爲「天志」對於人具有強制性，人是否踐履之直接關係到上天對人的賞罰。按照墨子的說法，天之志是通過人之行得以實施和完成的──在鬼神的監督之下，通過人「法天」、上同於天，當「天志」和「天欲義而惡不義」從上天之志轉化爲人之志、從人的觀念形態轉變爲實際行爲時，「天欲義而惡不義」便有了規範人之關係的道德哲學和經緯天下的政治哲學的神采。這就是說，「天欲義而惡不義」內蘊多維結構和層次──從本原上講是純粹形而上的，從落實上講則是屬人的，帶有形而下的屬性；從觀念形態上講是本體哲學的，從實際操作上講則是道德哲學和政治哲學的。「天欲義而惡不義」的多維結構和層次構築了墨子本體哲學、道德哲學與政治哲學的三位一體。

第二節　「貴義」

在墨子那裡，「天志」決定了人的行爲「莫若法天」，也使人的道德觀念和倫理規範都成爲「法天」的結果。這表明，在道德哲學領域，墨子斷言人的道德觀念和行爲準則來自上天之日，也就是「天志」轉化爲「人志」之時。與此相伴而生的是，原本在本體哲學領域作爲「天志」主要條目和實際內容的「天欲義而惡不義」也隨之轉入倫理領域。不僅如此，正如在本體哲學領域佔據顯要位置一樣，「天欲義而惡不義」在墨子的道德哲學中同樣佔據顯赫位置。作爲其主要表現，「天欲義而惡不義」之義獨領風騷。在道德哲學領域，無論墨子倫理思想體系的建構還是對具體道德觀念、倫理條目的提倡都顯示出「天欲義而惡不義」無所不在的滲透力和凝聚力。這既表明「天欲義而惡不義」被貫徹到了墨子道德哲學的方方面面，也由於「天欲義而惡不義」的無處不在而賦予墨子的道德哲學以形上意蘊和政治內涵。

一、義──倫理思想體系的核心

三綱五常是中國傳統道德的核心。先秦之時，儘管還沒有「三綱」的具體提法，然而，仁、義、禮、智、信以及忠、孝等已經成爲儒家和墨家共同提倡的倫理規範。當然，兩家對這些倫理範疇及其關係具有不同的側重和理解，致使彼此之間倫理思想體系的建構相去甚遠。事實上，即使是在儒家內部，孔子、孟子與荀子的倫理思想建構亦呈現出明顯差異：孔子以仁爲核心，

忠、孝、慈、惠、悌、剛、毅、木和訥等都成為仁的具體條目，禮則是仁的外在表現。孟子或仁義並提，或以仁即惻隱之心為主——對性善說的舉例證明便是佐證，概括起來，不外乎「四心」（孟子有時又稱之為「四端」）並重。荀子的倫理思想則以禮為核心，注重禮樂；既沒有像孔子那樣仁禮並提，也沒有像孟子那樣仁義並提。墨子在倫理思想體系的建構上獨闢蹊徑，以義為核心。這使人不禁聯想起他的那句「天欲義而惡不義」。

問題到此並沒有結束，墨子強調「萬事莫貴於義」（《墨子·貴義》），進而提出了「貴義」的口號。「貴義」具有兩層基本含義：第一，價值觀上以義為貴。墨子標榜義為人生的最高價值和真正意義，把義奉為人生追求的終極目標，告誡人以義統轄自己的感官。他堅信：「手足口鼻耳，從事於義，必為聖人。」（《墨子·貴義》）在墨子看來，義不僅是凡人通往聖人的必經之路和不二門徑，而且是仁人從事的目標。眾所周知，墨子一再聲稱「仁人之所以為事者，必興天下之利，除去天下之害」（《墨子·兼愛中》）。那麼，仁人所興之利是什麼呢？他的回答是：「義，利也。」（《墨子·經上》）這就是說，義不是空洞的說教，而是與利密不可分。其實，所謂的義，就是利。利指天、鬼、人三方之利，「興天下之利」便是興天下之「義」。第二，與其他道德觀念和倫理規範相比，義是最高範疇。這一點在墨子對「天欲義而惡不義」與「兼愛」、「非攻」、「尚同」和「尚賢」關係的闡述中多次得以印證。

二、義——道德觀念和倫理規範的準則

在道德哲學領域，墨子本著「貴義」的原則，以義為核心和總綱來建構他的倫理思想大廈。與此同時，墨子圍繞著「天志」、「天欲義而惡不義」而提出了一系列道德條目和倫理規範來加以夯實他的道德哲學，這些道德條目和倫理規範主要有「兼愛」「非攻」「尚同」「尚賢」「節葬」「節用」和「非樂」等。對此，墨子一而再、再而三地強調：

> 欲為義者，……兼愛天下之人。（《墨子·天志下》）

> 且夫義者，政也。無從下之政上，必從上之政下。（《墨子·天志上》）

> 厚葬久喪，……此非仁、非義。（《墨子·節葬下》）

一方面，「兼愛」、「非攻」、「尚同」、「尚賢」、「節葬」和「節用」都有自己的確定內涵和內容所指，彼此之間各有側重而大不相同。另一方面，它們都

以義爲最終準則和精神旨歸，都可以視爲從不同維度和層面對義的展開或發揮。例如，「兼愛」、「非攻」、「尙同」和「尙賢」的最終目的都是調節人與人、國與國之間的關係，都圍繞著義這個主題和準則展開，彼此的區別只不過是對不同道德主體的側重而已。具體地說，「兼愛」的道德主體是個人，「非攻」的主體側重群體——國、家，「尙同」和「尙賢」的主體則側重上下級等等。

對於墨子的道德哲學而言，義作爲道德總綱不是懸空的，而是表現在具體的道德條目之中。在某種程度上甚至可以說，義就是「兼愛」、「非攻」、「尙同」和「尙賢」等。例如，「兼愛天下之人」就是「兼愛」，「非攻」就是義，攻伐、相別就是不義：第一，從社會環境和產生根源來看，墨子強調，不能「兼愛」和「非攻」源於人與人之間的相別相惡相賊，也就是人人都「虧人自利」；而「虧人自利」的現象之所以會發生，是由於人不辨義與不義。第二，從概念內涵和理論意蘊來看，墨子指出，「兼愛」和「非攻」就是要平等地對待一切人，這本身就是義；相反，相惡相別、按照等級智愚強弱眾寡而對人分別對待就是不義。第三，從存在意義和價值功用來看，墨子指出，「兼愛」和「非攻」的主旨在於「兼以易別」（《墨子・兼愛下》），具體辦法和最終目的是以義戰勝不義，用義統率人的行爲。究竟應不應該或如何「兼愛」和「非攻」，完全取決於義。換言之，「兼愛」和「非攻」的判斷標準是義，二者的裁判權操之於義。同樣的道理，義是從上之政下而非從下之政上。從這個意義上說，義就是上行下效，以上之所是爲是，以上之所非爲非。這套思路和原則，墨子稱之爲「尙同」。「兼愛」「非攻」和「尙同」圍繞著義展開，「尙賢」、「節葬」和「節用」等也不例外。例如，墨子大聲疾呼「尙賢」，「尙賢」用他本人的話說就是「以尙賢使能爲政」，具體做法和行政目標則是「以尙同一義爲政」。這注定了「尙賢」與「尙同」密切相關，也使「尙賢」成爲恪守下同於上的「尙同」路線和行爲原則的指導。在墨子看來，只有「尙同」，才能扭轉「一人一義，十人十義，百人百義，千人千義」的局面，臻於天下一義的境界。「尙同」路線保障了天下一義之義來自上天，是「天欲義而惡不義」之義。

至此可見，在道德哲學領域，如果說「貴義」、「興天下之利」（此處之利即義）是總綱、是準則的話，那麼，「兼愛」、「非攻」、「尙同」、「尙賢」、「節用」「節葬」等便是具體的行爲規範和道德條目。一方面，正是這些具體條目使義時時處處體現在人的思想和行爲之中，最終落到了實處。另一方面，「兼

愛」、「非攻」、「尚同」、「尚賢」、「節用」、「節葬」都以義爲核心和靈魂展開，故而都可以視爲義的具體表現和實際貫徹。

三、道德哲學的本體意蘊

在墨子那裡，爲了確保人之行爲與上天之志相符，規範人之行爲的倫理道德必須源於上天——無論作爲倫理核心、總綱的義還是作爲具體德目的「兼愛」「非攻」「尚同」「尚賢」均是如此。這無疑爲墨子的道德哲學蒙上了厚重的本體哲學色彩，也使他的道德哲學在某種意義上成爲「天志」以及「天欲義而惡不義」的貫徹。

首先，從源頭處看，墨子提倡的各種倫理道德圍繞著「天志」展開，無論「兼愛」「非攻」還是「尚賢」「尚同」都源於上天，是作爲世界萬物本原的天爲它們提供了最終的立論根基。依據他的邏輯，義不自賤且愚者出而必自貴且知者出，天是宇宙間最貴最知的存在，義必出於天。《墨子》書云：

> 然則義何從出？子墨子曰：「義不從愚且賤者出，必自貴且知者出。」何以知義之不從愚且賤者出，而必自貴且知者出？曰：「義者，善政也。」何以知義之善政也？曰：「天下有義則治，無義則亂，是以知義之善政也。」夫愚且賤者，不得爲政乎貴且知者，然後得爲政乎愚且賤者。此吾所以知義之不從愚且賤者出，而必自貴且知者出也。然則孰爲貴？孰爲知？曰：天爲貴、天爲知而已矣。然則義果自天出矣。（《墨子·天志中》）

在此，墨子論證的主要前提和基本邏輯是，最貴且知的身份使上天擁有非凡的資格和權威，並且有能力和資格推出義。問題的關鍵是，作爲最貴且知的主宰和權威，天可以是義之所出，也完全可以推出其他之志，甚至是與「欲義」相反的「非義」等。既然如此，爲什麼偏偏是義而不是「非義」出於最貴且知之天呢？圍繞著這個問題，墨子的論證從兩個方面展開：第一，義是天之所欲，這便是那句人們耳熟能詳的「天欲義而惡不義」——在這個層次上，「欲義而惡不義」與「兼愛」「非攻」「尚同」和「尚賢」等並無不同。第二，墨子極力凸顯「欲義而惡不義」的至關重要性——在這個層次上，「欲義而惡不義」與「兼愛」「非攻」「尚同」和「尚賢」等顯然不可等量齊觀。

可以作爲佐證的是，在論證上天的其他之志時，墨子並沒有（像說明「天欲義而惡不義」那樣）強調上天的最貴且最知。他之所以強調義出自貴且知

之天，旨在突出兩個要義：第一，以天爲本。義只能出於貴且知的上天，義本身就有本體意蘊。第二，「尙同」原則。天下只有一義，這個義便是出於上天的「欲義而惡不義」之義。這在某種程度上爲義的核心地位奠定了本體哲學的基礎。正如墨子所申明的那樣：「順天之意者，義之法也。」（《墨子・天志中》）

其次，與義一樣，「兼愛」「非攻」「尙同」和「尙賢」都可以在本體哲學中找到依託──至少作爲「天志」的具體條目在天本論中擁有一席之地。

從踐履處看，「貴義」「兼愛」「非攻」「尙同」和「尙賢」等道德行爲不僅僅是出於人的道德自覺，更主要的是迫於上天的壓力──希望得到上天的獎賞，抑或害怕得罪上天而遭罰。墨子一再強調：

> 率天下之百姓以從事於義，則我乃爲天之所欲也。我爲天之所欲，天亦爲我所欲。（《墨子・天志上》）

> 順天意者，兼相愛，交相利，必得賞。反天意者，別相惡，交相賊，必得罰。（《墨子・天志上》）

循著這個邏輯，正如人爲天之所欲，從事乎義，是爲了天爲我所欲一樣，人順天意「兼愛」得賞，反天意攻伐遭罰的後果堅定了墨子「兼愛」「非攻」的決心和腳步。墨子用功利效果作道德籌碼的做法與儒家爲道德獻身的道德理想迥異其趣，搬來作爲最高權威的上天行使督人向善的道德教化功能更是與儒家側重道德自覺漸行漸遠。天的出現爲墨子的道德哲學帶來了形上意蘊，天督人向善的功能又使他所講的倫理道德帶有某種外在的強制性。

在墨子的視界中，「貴義」與「天欲義而惡不義」的「天志」一脈相承，作爲倫理道德總綱的義和作爲道德條目的「兼愛」「非攻」「尙同」「尙賢」等均來自上天，甚至是「天志」的具體內容。這無疑在抬高它們地位的同時，張揚了其正當性和權威性。借助上天之口抒發自己的渴望和訴求，平民出身、人微言輕的墨子可謂用心良苦。墨子此舉的直接後果便是爲他的道德哲學注入了本體哲學的意蘊。在這個前提下尙須看到，墨子的這種道德哲學本體化的做法與他的本體哲學倫理化（上天有「兼愛」「非攻」和「欲義」之志）之間是雙向互動的。

四、道德哲學的政治意蘊

在某些場合，墨子仁義並提。這時的義側重倫理領域，「本察仁義之本，

天之意不可不慎也」（《墨子‧天志中》）即屬此類。在另外一些場合，墨子所講的義側重政治領域——如「義者，政也」，「義者，善政也」。更爲重要的是，墨子有時把義與政合而爲一，稱爲「義政」。這表明，墨子的道德哲學與政治哲學並非各不相涉的，而是相互關聯的，義便是二者的交匯點。不僅如此，墨子的主要道德條目如「兼愛」「非攻」「尙同」和「尙賢」本身就內涵著政治維度，亦屬於政治哲學範疇。這就是說，「兼愛」「非攻」「尙同」和「尙賢」在墨子的思想中不僅是人內在的道德觀念和外顯的行爲規範——屬於倫理哲學範疇，而且是國家的政治措施和統治方案——屬於政治哲學範疇。例如，墨子曾經斷言：「兼之爲道也，義正；別之爲道也，力正。」（《墨子‧天志下》）很顯然，這裡的「兼愛」（「兼」）和相別（「別」）都是從政治角度立論的。按照墨子的說法，由於出自天的意志，「兼愛」、「非攻」、「尙同」和「尙賢」（包括「貴義」本身）對於人來說，從一開始就帶有某種強制性，人對此不容一絲懈怠：作爲天之志，人們必須爲之，不爲必將遭罰；作爲國家的政令法規和行政措施，任何人都不得違背。這樣一來，「兼愛」、「非攻」、「尙同」和「尙賢」越來越偏離出乎自願和自覺的道德規則，而更接近政治哲學的範疇。所有這一切都使墨子的道德哲學帶有不可忽視的政治意蘊，甚至從另一個角度看即是政治哲學。

　　總之，在道德哲學領域，墨子宣導的「貴義」源於「天欲義而惡不義」，所貴之義不是「一人一義」的自是其義的人之義，而是「天欲義而惡不義」的天之義。不僅如此，「天欲義而惡不義」之義不是空洞的道德條文，而是擁有鮮活而切實的內容，「兼愛」「非攻」「尙同」和「尙賢」等皆在其中。對於人而言，「兼愛」「非攻」「尙同」和「尙賢」是內心的道德觀念，也是外顯的行爲規範；它們的作用機制不僅出於主觀的自覺自願，而且迫於外在的強制力量。正因爲如此，墨子的道德哲學與政治哲學呈現出趨同、混一之勢，導演這一切的是「天欲義而惡不義」。原因在於，墨子之所以認定義是倫理學之貴（「貴義」）和政治學之善（「善政」），最終的理由是「天欲義而惡不義」；對於「天欲義而惡不義」而言，「兼愛」「非攻」「尙同」和「尙賢」等既是具體貫徹，又是實質內容。這再次展示了「天欲義而惡不義」集本體哲學、道德哲學與政治哲學於一身的多維視界和立體構架。

第三節 「義政」

　　對於墨子來說，「莫若法天」是基於上天意志對人提出的「法天」要求做出的權衡，不僅是對個人的日常行為的要求，而且是對國家的行政行為的要求。如果說前者使「天欲義而惡不義」側重倫理領域的話，那麼，後者則使其側重政治領域。更為重要的是，墨子直接把「天欲義而惡不義」之義植入政治之中，使政治成為義的題中應有之義，並合稱為「義政」。在政治哲學領域，墨子的理想是「義政」，統治之方同樣離不開義。所有這一切都為「天欲義而惡不義」開闢了廣闊的政治哲學領地，也使墨子的政治哲學與道德哲學一樣作為對「天志」的貫徹而成為「法天」的一部分。

一、「義政」──政治的理想境界

　　在政治理念和理想政治上，墨子渴望「義政」，反對「力政」。對於「義政」，他解釋說：

> 　　順天意者，義政也。反天意者，力政也。然義政將奈何哉？子墨子言曰：「處大國不攻小國，處大家不篡小家，強者不劫弱，貴者不傲賤。多詐者不欺愚。此必上利於天，中利於鬼，下利於人。三利，無所不利，故舉天下美名加之，謂之聖王。力政者則與此異，言非此，行反此，猶倖馳也。處大國攻小國，處大家篡小家，強者劫弱，貴者傲賤，多詐欺愚。此上不利於天，中不利於鬼，下不利於人。三不利，無所利，故舉天下惡名加之，謂之暴王。」（《墨子·天志上》）

　　從中可見，墨子將「義政」作為自己的理想願景，並從三個方面為「義政」提供辯護：第一，從出身和源頭上看，「義政」是順天意的結果，在價值上具有正當性、合理性和權威性。這在理論上樹立了「義政」的權威。第二，從操作和內容上看，「義政」是用「兼愛」、「非攻」等手段和方法治理國家，調節、處理國與國、家與家以及人與人之間的關係。引文中的「處大國不攻小國，處大家不篡小家，強者不劫弱，貴者不傲賤。多詐者不欺愚」等從積極方面看是「兼愛」，從消極方面看是「非攻」；側重個人之間的關係是「兼愛」，側重群體之間的關係是「非攻」。第三，從功用和效果上看，「義政」可以使利益最大化，做到天、鬼、人之「三利，無所不利」。墨子是功利主義者，不僅以「興天下之利，除天下之害」為一切言行的最終動機，而且呼籲兼顧

天、鬼、人三方之利，並把「中國家百姓人民之利」（《墨子‧非命上》）寫進「三表」法，從真理觀和價值觀的高度為利張目。顯然，「義政」與墨子追求三利的價值訴求休戚相關。

除此之外，墨子不僅賦予義以政治內涵，而且把義說成是「善政」。他斷言：「『義者，善政也。』何以知義之善政也？曰：『天下有義則治，無義則亂。』」（《墨子‧天志中》）按照墨子的說法，政治的目的無非是使天下由亂至治——亂是為政的障礙，治是為政的目標。進而言之，如何剷除障礙——亂而達到目的——治？墨子回答說，「天下有義則治，無義則亂」；義與治如影隨形，正如無義與不治（亂）相伴而生。這證明了義（治）是墨子追求的政治目標，也預示了義是他嚮往的統治天下之方。事實上，墨子的「義政」主張正是沿著這個思維路徑展開的。

二、「義者，政也」——政治路線和行政方法

與對「義政」的理解和嚮往息息相通，在制定政治路線和行政措施時，墨子呼籲用義之手段治理國家，並將之概括為「用義為政於國家」。他堅信：「今用義為政於國家，人民必眾，刑政必治，社稷必安。所為貴良寶者，可以利民也，而義可以利人，故曰：義，天下之良寶也。」（《墨子‧耕柱》）依據墨子的一貫說法，治理天下的目標就是使國家政治清明、人口眾多、社會安定，義便是達到這一目標的最好方法。因此，義是治理國家的良寶。不僅如此，由於堅信義是治理國家的最好方法和根本原則，墨子斷言「義者，政也」，將義與政並提，融合成一個概念——「義政」。由於在義中注入了政之內涵，治理國家也隨之成為義的題中應有之義。

進而言之，墨子為什麼宣稱「義者，政也」？「用義為政於國家」的具體含義和做法如何？對於這些問題，墨子如是說：「且夫義者，政也。無從下之政上，必從上之政下。是故庶人竭力從事，未得次己而為政，有士政之；士竭力從事，未得次己而為政，有將軍大夫政之；將軍大夫竭力從事，未得次己而為政，有三公諸侯政之；三公諸侯竭力聽治，未得次己而為政，有天子政之；天子未得次己而為政，有天政之。天子為政於三公、諸侯、士、庶人，天下之士君子固明知；天之為政於天子，天下百姓未得之明知也。」（《墨子‧天志上》）這清楚地表明，墨子所講的「義者，政也」與「用義為政於國家」說的是一個意思，簡言之，就是以上政下。對此，墨子認為，「天之為政

於天子」，「天子爲政於三公、諸侯、士、庶人」。這個過程也可以反過來看，那就是：庶人、士、諸侯、三公上同於天子，天子上同於天。顯然，這個過程和原則套用墨子本人的術語表達就是「尚同」。

與此同時，墨子提倡的「用義爲政於國家」還包括「尚賢」：第一，就本原和理論依據而言，「尚賢」是人上同於天的表現。第二，就內容和實際操作而言，「尚賢」的目的和做法是「尚同一義」。這使「尚賢」中始終貫徹著「尚同」——上同於天和一於上天之義的「天欲義而惡不義」原則。當然，「用義爲政於國家」也指「兼愛」「非攻」「尚同」「尚賢」「節葬」和「節用」等。至此，可以看出，墨子提倡的統治之方與道德觀念基本上是重合的，彌合二者界線的則是「天欲義而惡不義」。

三、政治哲學的本體意蘊

墨子的政治哲學——無論政治路線還是統治方略都是圍繞著義而展開的，政治是義的題中應有之義。其實，墨子政治哲學的本體意蘊在他提出的「義不從愚且賤者出，必自貴且知者出」的理由中已經初露端倪——在這一點上，他的政治哲學與道德哲學別無二致。這就是說，「天欲義而惡不義」使義擁有了出自天的身份和出處，從而帶有天然的合理性和正當性。正如墨子所言：「天者，義之經也。」（《墨子·天志下》）義與生俱來的本體依託表明，「天欲義而惡不義」爲義的價值提供最終的理論辯護，墨子政治之義的正當性、合理性、權威性都可以在他的本體哲學的「天志」尤其是由「天志」而來的「天欲義而惡不義」中得到最終解釋和哲學說明。

四、政治哲學的道德意蘊

「義政」概念的提出流露出墨子義與政——倫理與政治合一的致思方向和價值旨趣，「義政」與「力政」的對比則顯示出他的政治哲學的倫理意蘊。「義政」的理想境界、治國方法和行政路線共同體現了墨子對道德的信任及渴望，也拉近了墨家與儒家之間的思想距離。用道德手段爲政的統治方案和政治路線在孔子那裡叫做「德治」，在孟子那裡叫做「仁政」或「王道」。儘管名稱概念和操作細節有別，然而，在信憑道德力量治理國家上，墨子與孔子、孟子的設想異曲同工。

更爲重要的是，墨子臻於「義政」所憑藉的具體操作和行政措施是「兼

愛」、「非攻」、「尚同」和「尚賢」，這些恰恰是他提倡的道德條目。這樣一來，當「兼愛」、「非攻」、「尚同」和「尚賢」側重人的內心觀念或純粹的個人（尤其是普通百姓）的行為時，屬於倫理領域；當它們指示國家的行政措施、統治方案或統治者的公共行為時，則屬於政治領域。同樣的道理和邏輯，當「兼愛」、「非攻」、「尚同」和「尚賢」側重主觀自覺時，屬於道德範疇；當它們側重「尚同」的需要——迫於上天和國家的懲罰而帶有強制性時，則屬於政治範疇。「兼愛」、「非攻」、「尚同」和「尚賢」的這種特徵促成了墨子道德哲學與政治哲學的混同合一，也注定了他的道德哲學帶有天然的政治哲學意味，正如其政治哲學天然稟賦道德哲學的蘊涵一樣。推而廣之，「兼愛」、「非攻」、「尚同」和「尚賢」本身的特點及相互關係生動展示了墨子本體哲學—道德哲學—政治哲學的三位一體，因為這些條目來自主宰之天，具有與生俱來的形上意蘊。總之，「天欲義而惡不義」在本體領域對義的挺立直接決定了倫理領域對義之地位和價值的提升，於是出現了「貴義」，而「天欲義」與人「貴義」在政治領域體現在價值觀上便是對「義政」的追求和嚮往。這就是說，正如在本體領域和倫理領域的情形一樣，墨子本體哲學—道德哲學—政治哲學的三位一體在政治領域同樣得到淋漓盡致的彰顯和發揮。

第四節　墨子哲學的三位一體

　　「天欲義而惡不義」集中體現了墨子哲學的三位一體：在本體哲學領域，「天欲義而惡不義」是天論的一部分和「天志」的具體內容；在道德哲學領域，「天欲義而惡不義」體現為「貴義」「兼愛」「非攻」「尚同」和「尚賢」等道德觀念和倫理規範；在政治哲學領域，「天欲義而惡不義」轉化為「義政」的理想境界和「用義為政於國家」的統治方案。上述透視和分析共同顯示，以「天欲義而惡不義」為關節點，墨子的本體哲學、道德哲學與政治哲學層層滲透、相互涵攝，呈現出融通合一的態勢。換言之，與義集本體、倫理、政治意蘊於一身息息相關，「天欲義而惡不義」直觀呈現出墨子本體哲學、道德哲學與政治哲學的三位一體。

　　墨子以「天欲義而惡不義」為主線展示出來的本體哲學、道德哲學與政治哲學的三位一體，流露出中國古代哲學天人合一的思維方式和價值取向。事實上，天人合一的思維方式和價值取向不僅是墨子的學術訴求，而且是中

國古代哲學的共性。從這個意義上說，本體哲學—道德哲學—政治哲學的三位一體或合一趨勢是墨家和儒家、道家、法家的共同追求，而並非墨子或墨家思想的專利，這種現象及特點在儒家、道家和法家那裡同樣有所表現和展示。以孟子的「四心」「四端」說爲例，就其與生俱來、「非由外鑠」而言，是「天爵」，具有本體意蘊；就其作爲仁、義、禮、智的萌芽，是人內在的道德觀念和外顯的行爲本能而言，屬於道德哲學；就其行爲主體是統治者而言，當先王以不忍人之心、行不忍人之政時，又成了政治哲學範疇——「仁政」。孟子思想的這一導向在宋明理學家（尤其是朱熹、王守仁等人）那裡表現得更爲明顯和突出。韓非的思想同樣可以作爲中國古代哲學中本體哲學、道德哲學與政治哲學三位一體的例證：在本體哲學方面，韓非認爲，作爲宇宙本原的道自然無爲，「無爲而無不爲」。人只有體道才能成就大業，君主治理國家也是如此。這爲韓非的政治哲學提供了本體依據。在人性和道德哲學方面，韓非斷定人的本性自私自利、好利惡害，並把人與人之間的關係統統說成是血淋淋、赤裸裸的利益關係。韓非對人之本性和關係的界定堵塞了道德手段治國安民的可能性，卻爲法治留下了用武之地——法治之賞迎合人的好利本性，法治之罰針對人的惡害本性。這表明，在韓非那裡，政治上的法治路線既貫徹了道的「無爲而無不爲」，與本體哲學密切相關；又符合人的本性，與道德哲學一脈相承。

尚須進一步澄清的是，在中國古代哲學尤其在先秦哲學中，本體哲學—道德哲學—政治哲學三位一體最典型、最完整的形態則非墨子哲學莫屬。在這方面，墨子的思想具有兩個其他人的思想所無法比擬的優勢，也將中國古代本體哲學—道德哲學—政治哲學的三位一體發揮到了極致：第一，在墨子的思想中，本體哲學—道德哲學—政治哲學的三位一體不是特殊的個案，而是一種普遍現象，因而處處有所體現。例如，本體論上的「欲義」—倫理學上的「貴義」—政治學上的「義政」。再如，本體領域「天志」的欲利（利即義、「天欲義而惡不義」之義本身即包括利）—倫理領域的「兼愛」「非攻」「尚同」「尚賢」之得天賞和「交相利」—政治領域「三利，無所不利」的政治理想和行政方針等等。第二，在墨子的思想中，三位一體不僅取決於天人合一的思維方式和價值取向，而且得益於縝密的邏輯論證和話語結構：前者既是古代哲學的通性和共性，也是墨子與其他思想家相同的；後者作爲墨子的優長，也是其他思想家無法企及的。從這個意義上說，墨子思想的三位一體擁

有最典型、最完備的形態，是因爲墨子比其他哲學家對這一點更清醒、更有意識——如果說思想的三位一體在其他哲學家那裡尚屬於潛意識、下意識的自然流出的話，那麼，在墨子那裡則是故意的「做作」。

第四章　孟子的正命論

　　作為儒家的主要代表，孟子繼承了孔子的尊天思想，以天命論為核心進行哲學建構，體現了與孔子思想的一致性。儘管如此，在對天以及天命的理解上，孟子開闢了一條全新的思維路徑。作為孟子本體哲學的基本內容，正命論既直觀再現了孟子與孔子思想的異同，又展示了孟學的精神實質。

第一節　天命論與儒家做派

　　孟子對天命深信不疑，宣稱人的命運處在天的統轄之下。具體地說，對於上天對人的命運的決定，孟子進行了如下論證和闡釋：

一、上天注定人的四肢形體和各種欲望

　　孟子斷言：「形色，天性也。」（《孟子・盡心上》）意思是說，人的四肢形體是上天注定的。上天在造人之初，就給了人不同於犬馬的四肢形體和眼耳鼻舌身五官。不僅如此，人的四肢五官是欲望器官，如目之好色、鼻之好味、體之好逸等，……人有四肢和五官，也就有了各種欲望和渴求。沿著這個思路，為什麼人類大頭向上、二足行走？天為之。為什麼有的人身高體碩，有的人卻瘦小羸弱？天為之。為什麼人生來就有饑而欲食、渴而欲飲、勞而欲息的欲望？天為之。總之，在孟子看來，人的一切自然屬性都歸於天，是人力不能企及的。這就是天為人立命的最基本的含義。

二、上天賦予人仁義禮智「四心」和道德理性

　　孟子斷言，上天在給人四肢的同時，還賦予人以「四心」。他一而再、再

而三地宣稱：

> 仁義禮智根於心。（《孟子‧盡心上》）
>
> 人之有是四端也，猶其有四體也。（《孟子‧公孫丑上》）
>
> 仁義禮智，非由外鑠我也，我固有之也。（《孟子‧告子上》）
>
> 惻隱之心（又稱「不忍人之心」──引者注），人皆有之；羞惡之心，人皆有之；恭敬之心（又稱「辭讓之心」──引者注），人皆有之；是非之心，人皆有之。（《孟子‧告子上》）

在孟子看來，猶如四肢一樣，「四心」人皆有之，是人與生俱來的。這就是說，「四心」不是外力強加於人的，而是人心固有的。進而言之，「四心」之所以為我所固有，是因為其作為天爵是上天賦予人之命。那麼，「四心」具體指什麼呢？孟子回答說：

> 惻隱之心，仁也；羞惡之心，義也；恭敬之心，禮也；是非之心，智也。（《孟子‧告子上》）

由此可見，「四心」是仁、義、禮、智之萌芽，「四心」與生俱來，表明了仁、義、禮、智是人性中所固有的內容。

值得注意的是，正如人的形體和四肢都由上天賦予卻有短有長一樣，上天在賦予人的道德和睿智時，就已經注定了人與人之間參差不齊的賢否和高低。於是，孟子斷言：「天之生此民也，使先知覺後知，使先覺覺後覺也。」（《孟子‧萬章上》）在他看來，人與人之間的先知與後知、先覺與後覺、賢良與不肖等種種差別都由上天注定，故而是先天而不可改變的。例如，堯和禹都是德高望重的聖賢，可是，堯的兒子丹朱不肖，禹的兒子啟卻賢良。為什麼會有這樣的差別呢？對此，孟子解釋說：「其子之賢不肖，皆天也。非人之所能為也。」（《孟子‧萬章上》）一切都在上天那裡找到了答案和憑據。

三、上天決定人的偶然遭遇和成功與否

按照孟子的說法，上天不僅注定人的軀體（「四體」）和靈魂（「四心」），而且時時俯瞰著每一個人，對他們的行為做出干預和主宰。因此，一個人要幹什麼事，有一種力量在支使他；不幹或者突然終止某種行為，也有一種力量在阻止他。幹與不幹不是單憑人力所能做到的，一切都由天命操縱。據《孟子》書載：

> 魯平公將出，嬖人臧倉者請曰：「他日君出，則必命有司所之。

今乘輿已駕矣，有司未知所之，敢請。」

公曰：「將見孟子。」

曰：「何哉，君所爲輕身以先於匹夫者？以爲賢乎？禮義由賢者出；而孟子之後喪逾前喪。君無見焉！」

公曰：「諾。」

樂正子（名克，孟子學生——引者注）入見，曰：「君奚爲不見孟軻也？」曰：「或告寡人曰：『孟子之後喪逾前喪』，是以不往見也。」……

樂正子見孟子，曰：「克告於君，君爲來見也。嬖人有臧倉者沮君，君是以不果來也。」

曰：「行，或使之；止，或尼之。行止，非人所能也。吾之不遇魯侯，天也。臧氏之子焉能使予不遇哉？」（《孟子·梁惠王下》）

在孟子的視界中，既然每個人的行爲都出於上天的安排，魯君當然也不例外。循著這個邏輯可以推測，魯君見或不見孟子，既非取決於魯君自己的意願，也非取決於臧倉的唆使。一切都是天意。不僅如此，既然每個人的行爲都逃不出上天的主宰，那麼，行爲的成功或失敗當然皆非自己所能主宰，而是一切都在上天的統轄之中。《孟子·梁惠王下》有一則小故事生動地展示了孟子的這種觀點：有一次，滕文公問孟子說，齊國人準備加強薛地的城池，我很害怕。您說該怎麼辦才好呢？孟子回答說，從前周文王居於邠地時，狄人來侵犯，他便避開，搬到岐山之下定居下來。這不是太王主動選擇而採取的辦法，實在是迫不得已呀！如果一個君主能實行仁政，他的後代子孫一定會有成爲帝王的。至於能不能成功，終究還得依靠天命。

四、上天決定人的仕途經歷和政治生涯

孟子認爲，大凡委某人以重任者，都是天意的安排。一個人能否在仕途上官運亨通，完全取決於天。他甚至肯定天在欲將大任降於斯人時，一定要先做一番考驗和觀察。這便是：「必先苦其心志，勞其筋骨，餓其體膚，空乏其身，行拂亂其所爲，所以動心忍性，增益其所不能。」（《孟子·告子下》）爲了證明這一點，孟子列舉了許多古時的例子來加以說明。例如，傳說中父系氏族社會後期的部落領袖——舜從田野之中興起來。商王武丁的大臣——傅說原來從事築牆工作，後被武丁舉以爲相。商紂王的大臣——膠鬲從魚鹽

的工作中被提拔出來。輔助齊桓公成為春秋第一個霸主的管夷吾從獄官的手裏被釋放而提舉出來。楚國宰相──孫叔敖從海邊被提舉出來。春秋時秦國大夫──百里奚從買賣場所被提舉出來用為大夫，後來與蹇叔、由余等共同幫助秦穆公建立霸業。由此看來，每一個成名或成大器的人在成功之前都經歷了一番磨難。孟子強調，這些磨難不是偶然的，而是上天的故意安排。

五、上天決定社會的治亂和興衰

孟子認為，人類社會的存在有兩種不同的情況：一種是道德不高的人為道德高的人所役使，不太賢能的人被賢能之人所役使；這種情況是盛世、治世和清明之世。一種是力量小的人為力量大的人所役使，弱的為強的所役使；這種情況是衰世、亂世和亂世之秋。他進而指出，一個社會究竟會出現哪一種局面，是由天決定的。順從者生存，違背者滅亡。一切都是不可抗拒的。正是在這個意義上，孟子說道：「天下有道，小德役大德，小賢役大賢；天下無道，小役大，弱役強。斯二者，天也。順天者存，逆天者亡。」（《孟子·離婁上》）

在此基礎上，孟子斷言，由上天決定的治世與亂世在人類社會是交替出現的，並且推出了「天下之生久矣，一治一亂」（《孟子·滕文公下》）的著名論斷。在此，基於上天對治世與亂世的決定，孟子把由治至亂與由亂至治的相互循環視為人類社會演變的基本規律和遞嬗法則。不僅如此，他明確斷言社會治亂遞嬗的週期是 500 年，堅信在歷史的運行時數達到 500 年時，上天必然會委任一個「命世之才」來挽社會於危難、救人民出水火，使社會轉危為安。這用孟子本人的話說便是：「五百年必有王者興，其間必有名世者。」（《孟子·公孫丑下》）在這個前提下，孟子推論說，從殷周到自己所處的時代已經 700 年有餘，上天如果不想平治天下也就罷了；上天如果想平治天下的話，那麼，「當今之世，舍我其誰？」（《孟子·公孫丑下》）不難看出，孟子的言語之中流露出自負和豪邁！其實，孟子的自負一半取決於自身的自信和勇氣，一半來自對天命的虔誠和期盼。

至此，孟子把人的各種屬性──包括自然的和社會的、各種際遇──包括日常的和政治的以及所有主體──包括個體的和群體的命運都託付給了上天。在這層意義上，孟子給天命下了這樣的定義：「莫之為而為者，天也；莫之致而至者，命也。」（《孟子·萬章上》）按照這個說法，沒有人叫它這樣做，

而竟然這樣做了的，是天意；沒有人叫它來，而竟然這樣到來的，是命運。對於人而言，天命就是一種異己的外在力量。這個異己的外在力量時時刻刻操縱著人事，是操作人的命運的絕對主宰和最高權威。

　　總之，孟子的天命論是在孔子的隨機天命論的基礎上發展而來的，二者之間大同小異、一脈相承。在認定人的命運掌握在上天的手中和人的死生禍福由天注定上，孟子與孔子別無二致，這使兩人的天命論都沒有脫離客觀唯心論的窠臼。更有甚者，由於判定人的「四心」和四肢上天注定，人被全身心地拋進固定的命運模式之中，這使孟子對天命的看法比孔子更徹底也更執著。

第二節　天命人命論與孟子哲學的獨特內蘊

　　雖然在上天決定人的命運——即人命天定的層面上，孟子與孔子的看法大體相同，但是，兩人對上天決定人的命運方式的理解卻大相徑庭：孔子認為上天遵循隨機原則，對人的命運的注定完全是隨機莫測的偶然，這使天意神秘莫測而難知。與此不同，雖然斷言天可以通過主宰吉凶禍福通塞來決定人的命運，但是，孟子不再像孔子那樣把天視為冥冥之中的神秘存在而使天意成為高不可測的東西，而是斷言天意即是民意，進而在天命中加入人命的成分，由最初宣揚上天決定人的命運的天命論走向了鼓吹人決定自身命運的人命論。

一、天意即是民意論

　　傳說太古之時，堯把天下傳給了舜，舜又把天下傳給了禹。這就是被後人傳為美談的禪讓制。禹則把天下傳給了自己的兒子啓，這是世襲制。前者任人為賢，後者任人為親。孟子最得意的弟子——萬章向孟子請教說：有人說，到禹的時候道德就衰微了，天下不傳給聖賢之人，卻傳給了自己的兒子。這句話可靠嗎？孟子解釋說：

　　　　否，不然也。天與賢，則與賢；天與子，則與子。昔者舜薦禹
　　　於天，十有七年，舜崩，三年之喪畢，禹避舜之子於陽城。天下之
　　　民從之，若堯崩之後，不從堯之子而從舜也。禹薦益於天，七年，
　　　禹崩。三年之喪畢，益避禹之子於箕山之陰。朝覲、訟獄者不之益
　　　而之啓，曰：「吾君之子也。」謳歌者，不謳歌益而謳歌啓，曰：「吾

君之子也。」丹朱之不肖，舜之子亦不肖。舜之相堯、禹之相舜也，歷年多，施澤於民久。啟賢，能敬承繼禹之道。益之相禹也，歷年少，施澤於民未久。舜、禹、益相去久遠，其子之賢不肖，皆天也，非人之所能爲也。莫之爲而爲者，天也；莫之致而至者，命也。匹夫而有天下者，德必若舜禹，而又有天子薦之者，故仲尼不有天下。繼世以有天下，天之所廢，必若桀紂者也，故益、伊尹、周公不有天下。伊尹相湯以王於天下。湯崩，太丁未立，外丙二年，仲壬四年。太甲顚覆湯之典刑，伊尹放之於桐。三年，太甲悔過，自怨自艾，於桐處仁遷義。三年，以聽伊尹之訓己也，復歸於亳。周公之不有天下，猶益之於夏，伊尹之於殷也。孔子曰：「唐虞禪，夏后、殷、周繼，其義一也。」（《孟子·萬章上》）

在這裡，孟子把天下和政權的傳遞看作天意，雖然也把百姓的認同和人心的向背——「天下之民從之」視爲一個因素，但是，他最後還是把民從與不從歸結爲天生民之殊和被薦於天的時間長短，流露出濃鬱的天命論情結。從另一個角度看，由於在天意中加入了民意的內容，隨著對民意的重視及其在天命中份量的加強，孟子最終把天命視爲民意。《孟子》中的一則記載集中反映了孟子的這種思想傾向：

有一次，萬章問孟子說：「堯拿天下授與舜，有這麼回事嗎？」

孟子答曰：「不，天子不能夠拿天下授與人。」

萬章又問：「那麼，舜得到了天下，是誰授與的呢？」

孟子答曰：「天授與的。」

萬章又問：「天授與的，是反覆叮嚀地告誡他的嗎？」

孟子：「不是。天不說話，拿行動和工作來表示罷了。」

萬章：「拿行動和工作來表示，是怎樣的呢？」

孟子：「天子能向天推薦人，卻不能強迫天把天下給他；諸侯能向天子推薦人，卻不能強迫天子把諸侯的職位給他；大夫能向諸侯推薦人，卻不能強迫諸侯把大夫的職位給他。從前，堯將舜推薦給天，天接受了；又把舜公開地介紹給百姓，百姓也接受了。所以說，天不說話，拿行動和工作來表示罷了。」

萬章：「推薦給天，天接受了。公開介紹給百姓，百姓也接受了，這是怎樣的呢？」

　　孟子：「叫他主持祭祀，所有的神明都來享用，這便是天接受了；叫他主持工作，工作幹得很好，百姓都很滿意，這便是百姓接受了。天授與他，百姓授與他，所以說，天子不能夠拿天下授與人。舜幫助堯治理天下，一共 28 年。這不是某個人的意志所能做到的，而是天意。堯死了，3 年之喪完畢，舜為了使堯的兒子繼承天下，便逃到南河之南。即便是這樣，天下的諸侯朝見天子，不到堯的兒子那裡而是到舜那裡去；打官司的，也不到堯的兒子那裡而是去舜那裡；歌頌的人，不歌頌堯的兒子而是歌頌舜。所以說，這是天意。直到這時候，舜才回到首都，坐了朝廷。反過來，舜如果一開始就居住在堯的宮室，逼迫堯的兒子讓位於己，那便是簒奪，而不是天授了。《尚書・太誓》有言：『百姓的眼睛就是天的眼睛，百姓的耳朵就是天的耳朵。』說的正是這個意思。」（《孟子・萬章上》）

　　在孟子的上述言論中，既然天意體現在民意之中，甚至民意即是天意，那麼，通過影響乃至左右天意，民意成為決定命運的主導要素之一。人的命運一半取決於天，一半取決於人。天不再是絕對的主宰力量，甚至可以說，就「天視自我民視，天聽自我民聽」即天意取決於民意而言，來自民意的人為要大於天意的比重。

二、天意不如民意論

　　如果說在天意即是民意中天意與民意同時起作用的話，那麼，在某些場合，當天意與民意發生牴牾、勢必取一棄一時，孟子順民意而置天意於不顧，最後由天命論走向了人命論。據《孟子・梁惠王下》記載，齊人伐燕，勝之。宣王問曰：「或謂寡人勿取，或謂寡人取之。以萬乘之國伐萬乘之國，五旬而舉之，人力不至於此。不取，必有天殃。取之，何如？」在齊宣王看來，齊國與燕國勢均力敵，齊國能在短時間內（五旬）迅速克敵，決不是人力所及，而是必有上天在蔭助。按照當時流行的說法，違天不祥。天予不取，反為之災。因此，齊宣王意欲攻取燕國。對此，孟子卻有不同的看法和考慮：「取之而燕民悅，則取之；……取之而燕民不悅，則勿取。」在這裡，促使孟子做出決策的不是天意而是民意。之所以如此，是因為在天、地和人三種因素中，孟子更看中人的力量。對於這個問題，他的名言是：「天時不如地利，地利不如人和。」（《孟子・公孫丑下》）

　　如果說在天意即是民意中人力還須借助天意起作用的話，那麼，在天意

不如民意中人不僅與天分庭抗禮成爲決定命運的獨立因素，而且壓倒了天的權威。對於人爲力量勝於天意，孟子同樣以戰徵和攻伐的例子論證說：

> 三里之城，七里之郭，環而攻之而不勝。夫環而攻之，必有得天時者矣；然而不勝者，是天時不如地利也。城非不高也，池非不深也，兵革非不堅利也，米粟非不多也，委而去之，是地利不如人和也。故曰：域民不以封疆之界，固國不以山溪之險，威天下不以兵革之利。得道者多助，失道者寡助。寡助之至，親戚畔之；多助之至，天下順之。以天下之所順，攻親戚之所畔，故君子有不戰，戰必勝矣。（《孟子·公孫丑下》）

基於上述認識，孟子引用《尚書·太甲》的話說：「天作孽，猶可違；自作孽，不可活。」（《孟子·公孫丑下》）循著這個邏輯，既然天命可逃而自作之孽難逃，那麼，人究竟面臨何等命運，關鍵取決於自身的行爲。在這個意義上，決定一個人之吉凶禍福的最終因素不是天而是他自身的行爲。

三、人命論

在天意即是民意論中，孟子在承認天命論的前提下對天命做了一些保留，而給人爲預留了一席之地；在天意不如民意論中，天命的成分和權威儘管被削弱而退於人爲之後，卻仍然作爲決定人的命運的一種力量在起作用。從天意即是民意到天意不如民意，天逐漸祛魅，人的力量強勢飆升。結果是，天最終被趕出人的命運之城。人們看到，在解釋人的禍福吉凶和家國的榮辱興衰時，孟子把一切都歸於人的自取。對此，他宣稱：「夫人必自侮，然後人侮之；家必自毀，而後人毀之；國必自伐，而後人伐之。」（《孟子·離婁上》）根據這一觀點，孟子通過考察一個人的作爲來預測其命運的吉凶，結果不幸而言中。有一個叫盆成括的人在齊國做官，孟子說：「盆成括這個人要死了！」不久，盆成括果然被殺。孟子的學生問孟子說：「老師，您怎麼知道他會被殺呢？」孟子解釋說：「他這個人有點小聰明，但是不知道君子的大道，那只足以殺害自己的身體罷了！」（《孟子·盡心下》）在孟子看來，無論是家國的榮辱興衰還是個人的身家性命，都繫乎人之自身。這表明，命運對於人而言，不再是異己力量，而是人自身的主體意志和作爲。這使孟子的命運觀從天命論走向了人命論。換言之，如果說孟子的天意不如民意論儘管偏袒人力、天意的作用仍然存在的話，那麼，在他的人命論中，天命已經被拋到了九霄雲

外，人自身成了決定命運的唯一因素和力量。

總之，孟子的天命人命論是對西周以來「以德配天」觀念和孔子天命論的繼承發揮，同時又以一種特殊的方式弘揚了人的主觀精神和主體意識。就其思想內容和理論定位而言，作為天命論的一部分，天命人命論是對天決定人的命運的一種理解，屬於天命論——儘管是它的一部分而不是全部；作為天決定人命的一種補充和獨特理解，天命人命論牽涉上天決定人命的方式乃至天命的存在狀態——天通過人起作用，天意體現在民意之中。這不僅關涉對天的理解，而且決定了人的價值和作為。正因為人為力量在天命中的崛起，孟子的待命之方盡顯人之力量。

與此同時，雖然孔子、孟子都恪守天命論、堅信上天注定人的命運，但是，孟子對上天的存在狀態和決定方式的理解與孔子並不相同。這個差異為孟子奠定了盡心知性而事天立命的理論前提，也使孟子在待命之方上與孔子的距離越來越遠。

第三節　正命論與盡心知性而事天立命

如果說天意即是民意論和天意不如民意論為人參與命運提供了可能性的話，那麼，人命論則直截了當地把人的命運交給了人自身。孟子循著這一思路越走越遠，在盡心知性而安身立命中為自己的命運學說畫上了句號，以正命論完成了本體哲學的建構。關於人對待天命之方和安身立命之途，孟子如是說：「盡其心者，知其性也。知其性，則知天矣。存其心，養其性，所以事天也。夭壽不貳，修身以俟之，所以立命也。」（《孟子‧盡心上》）按照他的說法，只要發揮心的思維作用，人便可以通曉人性；人懂得了人性，便可以洞察天道了；通過保存心中先天固有的道德觀念和善良本性、修養人性，人便可以事天立命了。這表明，孟子把盡心—知性—知天—事天視為人安身立命的根本方法和對待天命的不二門徑。

一、盡心

孟子把盡心視為對待命運的第一步。之所以如此，理由有二：第一，心指「四心」，即仁、義、禮、智之善端，也就是人生而具有的「不待慮而知」、「不待學而能」的良知良能。第二，就待命之方而言，盡心所盡之心即「四

心」。孟子對「四心」讚譽甚高，不僅把「四心」說成是人之為人的本質屬性，而且斷言正是「四心」使人真正脫離動物界而成為天地間最高貴的存在。有鑑於此，他斷言，每一心都是人之為人所不可缺少的條件，「四心」對於人來說缺一而不可。這用孟子本人的話說便是：「無惻隱之心，非人也；無羞惡之心，非人也；無辭讓之心，非人也；無是非之心，非人也。」（《孟子·公孫丑上》）

　　正是「四心」之善及其對於人的至關重要性堅定了孟子盡心的追求和渴望。進而言之，與心的特定內涵相對應，盡心即發揮心的思維作用，在啓動先天固有之良知良能、保養本性之善、永葆浩然之氣的同時，用道德理性審視、權衡人的欲望，確保人的行為由仁、義、禮、智而行。孟子強調，上天同時給了每個人耳、目、口、鼻、四肢和仁、義、禮、智「四心」，這一點對於每個人都是一樣的。儘管如此，有人重視心官（即「大體」），有人重視耳目之官（即「小體」），於是，顯示了人與人之間的差別，形成了君子與小人的分野。這便是：「從其大體為大人，從其小體為小人。」（《孟子·告子上》）對此，他的學生公都子問：「鈞是人也，或從其大體，或從其小體，何也？」孟子回答說：「耳目之官不思，而蔽於物。物交物，則引之而已矣。心之官則思，思則得之，不思則不得也。此天之所與我者。」（《孟子·告子上》）在他看來，上天給人四體，讓人有耳目口鼻之欲；又給人以心官來進行思考——孟子堅信，「心之官則思」，心具有思維的功能，目的是讓人在面對各種名利和欲求時用道德理性來加以審視和把握，從而對應得和應捨做出選擇。　「求則得之，捨則失之，是求有益於得也，求在我者也。求之有道，得之有命，是求無益於得也，求在外者也。」（《孟子·盡心上》）面對在我者與在外者，究竟應該如何抉擇呢？這時候，便需要心「思則得之」，來充分發揮自己的審視和選擇作用。

二、知性

　　孟子雖然認為人的四肢和「四心」都與生俱來，但是，他對二者區別對待。可以看到，與對「四心」的視若至寶、求之若渴形成鮮明的對比，孟子對人的耳、目、口、鼻、四肢以及由此產生的寒而欲暖、饑而欲食的生理需求始終持淡漠和否定態度，把人的物質欲望視為與動物相近的生理本能。正是在這個意義上，他宣稱：「人之有道也，飽食、暖衣、逸居而無教，則近於

禽獸。」(《孟子‧滕文公上》)

對「四心」和四肢的不同態度直接影響著孟子對人性內容的甄定。具體地說，在對人性的界定上，與對「四心」的渴望和對四肢的冷漠相對應，孟子把「四心」說成是人性的全部內容，而把四肢拒於人性之外。這使孟子所講的心與性具有合一趨勢：一方面，心就是性。「四心」與生俱來，作為人的本性而存在或起作用；良知良能不僅先天固有，而且不需要後天的學習或訓練。另一方面，性就是心。性不是四肢之欲，而是萌芽於惻隱之心、羞惡之心、辭讓之心和是非之心的仁、義、禮、智。孟子的心性合一預示了性與四肢之欲的勢不兩立，也使遠離物慾成為盡心的內容之一。同時，心性合一證明了通過盡心可以知性，甚至盡心的目的就是知性——劃定人性範圍。按照他的觀點，盡心的具體做法和根本要求就是對四肢與「四心」的欲望進行審視、思考和權衡，結果是：或把之歸於命，或把之歸於性，並據此對它們或漠視拋棄之或孜孜以求之。於是，孟子宣稱：

> 口之於味也，目之於色也，耳之於聲也，鼻之於臭也，四肢之
> 於安佚也，性也，有命焉，君子不謂性也。仁之於父子也，義之於
> 君臣也，禮之於賓主也，智之於賢者也，聖人之於天道也，命也，
> 有性焉，君子不謂命也。(《孟子‧盡心下》)

在孟子看來，口對於美食、眼對於美色、耳對於美音、鼻對於美味、手足四肢對於安逸具有本能的喜好；這些愛好都是天性，能否得到，全憑「莫之為而為，莫之致而至」之命。因此，君子不把它們看作天性之必然而去強求。相反，仁對於父子、義對於君臣、禮對於賓主、智慧對於賢者、聖人對於天道，能夠實現與否屬於天命，也是性之本然。因此，君子不認為它們屬於命運而放任之，而是努力順從天性來求其實現。在這裡，孟子通過心的審視和思考，對命與性進行了區分和選擇。而在進行區分和選擇時，是否出於天性或能否實現都不是標準，真正的標準是「四心」。正因為心是唯一標準和裁決權威，所以，區分和選擇的結果是「四心」——仁、義、禮、智，不管能否實現都要一如既往地視之為性、毅然決然地行之於天下。這顯示了孟子的道德主義情懷，也是其心性合一的必然結論。由於心的具體內容是仁、義、禮、智之「四心」，心思的結果便是仁、義、禮、智之萌芽的擴而充之、大而化之。由此，孟子把立命的途徑交付給了心，並且希望通過盡心來知性知天。

三、事天

孟子區別對待人的四肢與「四心」之時，也就宏觀地勾勒了人生的價值目標和行為軌跡。不僅如此，在心性合一、盡心知性的思維框架中，心和性的具體內容就是「四心」，「四心」是上天賦予人的。從這個意義上說，事天就是保養「四心」之善而使之不失。為此，孟子宣稱：「有天爵者，有人爵者。仁義忠信，樂善不倦，此天爵也；公卿大夫，此人爵也。古之人修其天爵，而人爵從之。」（《孟子·告子上》）

在孟子那裡，由於被說成是上天賦予人的最尊貴的爵位，仁、義、禮、智、忠、信等道德觀念和行為規範也就理所當然地成了人最安逸之住宅和人間之正道。在這個意義上，孟子一再強調：

仁，天之尊爵也，人之安宅也。（《孟子·公孫丑上》）

義，人之正路也。（《孟子·離婁上》）

不僅如此，孟子的養心、存心主張都是在心是「天之所與我者」、養存之即事天的維度上立論的。正是在這個思路下，盡心、知性不僅可以知天，而且存心、養性成為事天的基本內容和具體工夫。

四、正命

基於對心性合一的理解，出於盡心——知性——知天和存心——養性——事天的一脈相承，孟子呼籲，不論壽與夭都堅貞不貳地修身俟命是人安身立命的最好方法。在他看來，一切都是命中注定的，只有通過盡心、知性、知天來依順和承受它，才能得到正命；否則，逆命而行，勢必死於非命。有鑑於此，孟子指出：「莫非命也，順受其正，是故知命者不立乎岩牆之下。盡其道而死者，正命也；桎梏死者，非正命也。」（《孟子·盡心上》）這就是說，人之死亡有兩種類型：一種是盡力行道而死，這種命是正命；一種是犯罪而死，這種命不是正命。因此，懂得命運真諦的人不站在將要傾倒的牆壁之下，而是順理而行，接受正命。於是，正命成為孟子對命運的期待和選擇。孟子之所以試圖通過盡心、知性來安身立命，就是為了避免桎梏之命而爭取正命。

進而言之，為了承受正命，孟子讓人以上天賦予人的「天爵」——仁、義、禮、智為核心的道德為神聖使命，居天下之安宅，行人間之正道。道理很簡單：人只有以仁為安宅，以義為正路，才能保壽保安。個人修身養性如此，天子王天下、諸侯全社稷或卿大夫保宗廟也無不如此。於是，孟子說：「三

代之得天下也以仁，其失天下也以不仁。國之所以廢興存亡者亦然。天子不仁，不保四海；諸侯不仁，不保社稷；卿大夫不仁，不保宗廟；士庶人不仁，不保四體。」(《孟子・盡心上》)這就是說，只有時時處處「以仁存心」、「以禮存心」，才能保身、保家、保國和保天下。循著這個邏輯，一個人能否得福或威臨天下取決於他的道德修養和操行；反過來，正是能否踐履仁、義、禮、智之道德決定了國家和個人的命運。孟子讓人用道德完善來贏得正命的同時，告誡人要能屈能伸，在各種情況下都要忍辱負重、委屈求全，以避免非命。

儒家歷來具有濃鬱的仕途情結，作為其中的一員，孟子的思想也不例外。在孟子的待命之方中，當命運的主體是為政者時，承受正命而避免非命的待命方法便轉換成樂天畏天而保國保天下。他強調，作為當政者，只有「樂天」、「畏天」才能保國、保天下，稟受正命。孟子斷言：

> 惟仁者為能以大事小，是故湯事葛，文王事昆夷。惟智者為能以小事大，故太王事獯鬻，句踐事吳。以大事小者，樂天者也；以小事大者，畏天者也。樂天者保天下，畏天者保其國。(《孟子・梁惠王下》)

通過上面的介紹可以看出，孟子的天命論包括上天對人之命運的決定、人對命運的參與和對待。其中，既有天本論的隱晦表達，又觸及到了宇宙本原——天的存在狀態和作用方式。正是這些構成了孟子本體哲學的主體內容。孟子的天命論以正命為目標，可以稱為正命論。

正命論始於本體領域，並且構成了孟子本體哲學的基本內容，這是毫無疑問的。問題的關鍵是，在講述上天的存在狀態和作用方式尤其是人的待命之方時，孟子在心性合一的框架中讓人參與命運的選擇，並以道德完善來接受正命。這樣一來，他的正命論便從本體哲學延伸到人生哲學、人性哲學，再擴展到道德哲學。孟子正命論的這套模式不僅沿襲了孔子開創的天人合一的理論格局，而且遵循了儒家的倫理本位傳統。

孟子正命論的理論創新是顯而易見的：第一，儘管在上天注定人之生死禍福的客觀唯心論中拉開了命運學說的帷幕，然而，天命中人為因素的逐步增加卻使他的命運觀向主觀唯心論傾斜，最終以盡心、知性、知天的主觀唯心論收場，人為因素變成了影響乃至決定命運的主宰力量。在這方面，如果說孔子的隨機天命論把人的命運託付給了上天，使人在命運的洪流中茫然不

知所措，只能一切聽天由命的話，那麼，孟子的正命論則在天的樊籬內給人一片自由發揮的天地，神秘的上天不再不諳人情。這給冥冥之天籠罩下惶惶不可終日的人以一份自信，一縷光明。第二，孟子在正命論中加入了人性論的內容，這樣做的結果是使冥冥之中的主宰──天命由朦朧的若有若無變得眞切現實起來，也使待命之方更有操作性和針對性。第三，盡心的途徑和方法在「萬物皆備於我」的天人合一中開啓了認識方法與道德修養合二爲一的價值路線和致思方向。

從社會效果上看，孔子以隨機爲特徵的天命論宣稱，有人命好，有人命壞，一切都是天意。遭禍、受窮、處賤，怨不著別人，一切都怨自己命運不佳。很顯然，這套理論與宗法等級制度不謀而合，在爲社會上層提供身份辯護的同時，對調整社會下層民眾的心理平衡尤其是承受不公平的對待或突發事件起了不可低估的緩衝作用。孟子在肯定人的命運由上天注定的同時，在天意中加入了民意和人爲的內容，並且通過正命與桎梏之命（非正命）的區分勸導人以修身養性來避免意外而壽終正寢、承受正命。不難看出，孔子對待命運的要義是承受，孟子對待命運的秘訣是選擇；前者重外力，後者恃人力。這種差異體現在思維方式上便是，孔子的隨機天命論強調命運的偶然，孟子的正命論把一切都歸於必然。在正命論的視野內，天降斯民賦予其如此命運是一種必然，而人修身俟命得正命、叛道離經得非正命也是一種必然。正是這人能把握的與不能把握的兩條必然的平行線編織出了不同人的不同命運。

第五章　動物情結與莊子哲學
　　　的天人合一

　　如果僅憑《莊子》以動物為第一個「主角」、第一句話是「北冥有魚」就判斷莊子具有動物情結似乎有些勉強，然而，書中接下來的內容卻不僅支持了這一判斷，而且使看似偶然巧合的「北冥有魚」隨著動物的大量湧現而具有了普遍意義。事實上，莊子具有濃鬱的動物情結，動物情結不僅影響著莊子的哲學思維，而且使他的哲學獨具特色：在人與萬物的平等中凸顯人與動物的平等，講天人合一時側重人與動物的合一。

第一節　莊子的動物情結

　　莊子對動物具有特殊的偏愛，以至於一向卓然脫俗、清高拔世的他總是喜歡以動物自喻。《莊子》書中有很多這樣的記載：

　　　　莊周家貧，故往貸粟於監河侯。監河侯曰：「諾。我將得邑金，將貸子三百金，可乎？」莊周忿然作色曰：「周昨來，有中道而呼者，周顧視車轍，中有鮒魚焉。周問之曰：『鮒魚來，子何為者耶？』對曰：『我，東海之波臣也。君豈有斗升之水而活我哉！』周曰：『諾，我且南遊吳越之王，激西江之水而迎子，可乎？』鮒魚忿然作色曰：『吾失我常與，我無所處。我得斗升之水然活耳。君乃言此，曾不如早索我於枯魚之肆。』」（《莊子·外物》）

　　　　惠子相梁，莊子往見之。或謂惠子曰：「莊子來，欲代子相。」於是惠子恐，搜於國中三日三夜。莊子往見之，曰：「南方有鳥，其

名曰鵷鶵，子知之乎？夫鵷鶵發於南海而飛於北海，非梧桐不止，非練實不食，非醴泉不飲。於是鴟得腐鼠，鵷鶵過之，仰而視之曰：「嚇！今子欲以子之梁國而嚇我邪？」（《莊子·秋水》）

莊子釣於濮水。楚王使大夫二人往先焉，曰：「願以境內累矣！」莊子持竿不顧，曰：「吾聞楚有神龜，死已三千歲矣。王巾笥而藏之廟堂之上。此龜者，寧其死為留骨而貴乎？寧其生而曳尾於塗中乎？」二大夫曰：「寧生而曳尾塗中。」莊子曰：「往矣！吾將曳尾於塗中。」（《莊子·秋水》）

或聘於莊子，莊子應其使曰：「子見夫犧牛乎？衣以文繡，食以芻叔。及其牽而入於大廟，雖欲為孤犢，其可得乎！」（《莊子·列禦寇》）

或暗喻，或明喻，魚、鳥、龜和牛等各種動物都曾是莊子自比的對象。如果說這些還限於拿動物自比、以動物發洩自己的不滿（如自比車溝中的鯽魚，以魚之怒表示自己對監河侯吝嗇虛偽的憤慨）或抒發自己的志向（如以鳳凰鳥比喻自己的遠大志向）的話，那麼，更有甚者，莊子有意模糊自己與動物的界限，讓自己與動物物我兩忘。著名的莊周夢蝶即流露了這一思想傾向：「昔者莊周夢為蝴蝶，栩栩然蝴蝶也。自喻適志與！不知周也。俄然覺，則蘧蘧然周也。不知周之夢為蝴蝶與？蝴蝶之夢為周與？周與蝴蝶則必有分矣。此之謂物化。」（《莊子·齊物論》）表面看來，莊子是在夢中而非覺醒時夢見自己是一隻蝴蝶，這給人一種錯覺，即變為蝴蝶是在夢中發生的、只是一種虛幻的夢境。其實並非如此：第一，引文以「昔者」點明這是過去發生的事，表面做夢不是現在進行時。第二，即使是當時在夢中變為蝴蝶即像蝴蝶那樣自由的翱翔也是莊子的夢想——「自喻適志與」。因此，莊子不僅在夢中洋洋得意，斷言自己就是一隻展翅飛翔的蝴蝶——「栩栩然蝴蝶也」，而且清醒時還說「不知周之夢為蝴蝶與？蝴蝶之夢為周與？」這點明了莊子與蝴蝶的相互轉化——「物化」。由於夢蝶發生在過去，離現在有一段時間，便可以對之進行反思和認定，反思和認定的結果不是夢幻而是「物化」。

此外，莊子還善於不斷地從動物那裡尋找和獲得靈感。下僅舉其一斑：

莊周遊於雕陵之樊，睹一異鵲自南方來者。翼廣七尺，目大運寸，感周之顙，而集於栗林。莊周曰：「此何鳥哉！翼殷不逝，目大不睹。」蹇裳躩步，執彈而留之。睹一蟬方得美蔭而忘其身。螳螂

執翳而搏之，見得而忘其形。異鵲從而利之，見利而忘其眞。莊周
怵然曰：「噫！物固相累，二類相召也。」捐彈而反走，虞人逐而誶
之。莊周反入，三日不庭。藺且從而問之：「夫子何爲頃間甚不庭乎？」
莊周曰：「吾守形而忘身，觀於濁水而迷於清淵。且吾聞諸夫子曰：
『入其俗，從其令。』今吾遊於雕陵而忘吾身，異鵲感吾顙，遊於
栗林而忘眞。栗林虞人以吾爲戮，吾所以不庭也。」（《莊子·山木》）

　　蟬貪圖美蔭而忘身以至於被螳螂所捕，螳螂只顧捕蟬而成爲異鵲的獵
物，莊子睹異鵲而誤入栗林遭致責罵之辱。莊子認定，這一連串的事件都是
由於貪利而忘形、忘身乃至忘眞造成的，由此引發了他關於守形、守身和守
眞的思考，最終形成了「善養生者，若牧羊然，視其後者而鞭之」（《莊子·
達生》）的認識，從而把忘是非、忘名利奉爲養生的基本方法。

　　無論是以動物自喻、夢爲蝴蝶還是從動物中尋找靈感都反映了莊子濃鬱
的動物情結。正是基於這種動物情結，《莊子》不僅以動物開篇，首句爲「北
冥有魚」，而且讓動物在書中遍地開花、大行其道。誠然，查閱先秦經典可以
看出，七子著作中不乏動物的出現。例如，《論語·微子》的「鳥獸不可與同
群」，《老子·第80章》的「雞狗之聲相聞」，等等。儘管如此，《莊子》中的
動物數量、種類之巨，出現次數、場合之多，以及傳遞的信息、意義之廣，
都是任何先秦時期的哲學著作無法比擬的。據粗略統計，《莊子》中出現或提
及的動物大至鯤鵬虎豹、小到蚊虻螻蟻、中有各種飛禽走獸，加起來不下百
種之多，足以與書中虛構的、實有的人物數量相抗衡。

　　饒有興趣的是，莊子對不同動物流露出不同的偏袒和好惡，有些甚至帶
有某種固定的意義。例如，莊子對魚和鳥偏愛有加。在某種程度上可以說，《莊
子》以魚開篇寓意深遠、含有玄機，魚在《莊子》中隨處可見。例如：

魚相造乎水，人相造乎道。相造乎水者，穿池而養給；相造乎
道者，無事而生定。故曰：魚相忘乎江湖，人相忘乎道術。……畸
人者，畸於人而侔於天。故曰：天之小人，人之君子；人之君子，
天之小人也。（《莊子·大宗師》）

泉涸，魚相與處於陸，相呴以濕，相濡以沫，不如相忘於江湖。
與其譽堯而非桀也，不如兩忘而化其道。（《莊子·大宗師》）

泉涸，魚相與處於陸，相呴以濕，相濡以沫，不若相忘於江湖。
（《莊子·天運》）

> 莊子與惠子游於濠梁之上。莊子曰：「儵魚出遊從容，是魚之樂也。」惠子曰：「子非魚，安知魚之樂？」莊子曰：「子非我，安知我不知魚之樂？」惠子曰：「我非子，固不知子矣；子固非魚也，子之不知魚之樂，全矣！」莊子曰：「請循其本。子曰『汝安知魚樂』云者，既已知吾知之而問我。我知之濠上也。」（《莊子‧秋水》）

可見，莊子相忘於江湖的交往原則和處世之方取之於魚，以魚為主角的濠上之辯更是濃縮了他對生命的總體看法。具體地說，濠上之辯這則故事全息三個要義：第一，魚和人都是物化的一個階段或一種形態，魚之樂與人之樂一樣，故而莊子對魚之樂知之。第二，魚相忘於江湖則有魚之樂。莊子是在濠上看到江湖中而不是涸溝中的魚而知魚樂的，因為此時魚「出遊從容」。如果莊子看到涸溝裏的魚乾渴欲死還在相濡以沫，又該作何感想呢！第三，人相忘乎道術與魚相忘於江湖是一樣的，人要向魚看齊或學習。在此，莊子對魚之樂的肯定便是對人之樂的肯定和提示。

鳥是魚所變（「化而為鳥」），莊子對鳥的青睞在某種程度上源於對魚的「愛屋及烏」。於是，深諳不死之道的意怠鳥成為人的楷模：「予嘗言不死之道。東海有鳥焉，其名曰意怠。其為鳥也，翂翂翐翐，而似無能；引援而飛，迫脅（偎依，擠在群鳥中間——引者注）而棲；進不敢為前，退不敢為後；食不敢先嘗，必取其緒。是故其行列不斥，而外人卒不得害，是以免於患。」（《莊子‧山木》）

莊子尤其對鳥的自在純真、無心無為讚歎有加，不僅號召人們像意怠鳥那樣不為人先、與世無爭，而且宣稱聖人之所以成為聖人就是因為聖人也以鳥為師、傚仿初生小鳥而無事無為。這用莊子本人的話說便是：「夫聖人，鶉居而鷇食，鳥行而無彰。」（《莊子‧天地》）與魚和鳥類似的還有馬。除了在「牛馬四足」寓言中是犧牲品之外，《莊子》中的馬大都以「正面形象」出現：莊子把世界歸於馬（「萬物一馬也」），把馬視為人之祖先（「馬生人」），並且用白駒過隙說明人生的短暫。

總之，與莊子的喜愛態度相對應，魚、鳥和馬在《莊子》中具有積極意義：魚是逍遙的象徵，鳥代表著智慧，馬則蘊涵著變化。

與對魚、鳥和馬的態度相反，莊子對有些動物則表現出某種程度的無動於衷。例如，聰明的猴子成了愚蠢的象徵——不僅迷於朝三暮四之局，而且不識時務地炫耀自己，甚至戴上帽子也裝不了人。《莊子》書載：

故禮義法度者，應時而變者也。今取猨狙而衣以周公之服，彼
必齕齧挽裂，盡去而後慊。觀古今之異，猶猨狙之異乎周公也。(《莊
子・天運》)

吳王浮於江，登乎狙之山，眾狙見之，恂然棄而走，逃於深蓁。
有一狙焉，委蛇攫搔，見巧乎王。王射之，敏給搏捷矢。王命相者
趨射之，狙執死。王顧謂其友顏不疑曰：「之狙也，伐其巧，恃其便
以敖予，以至此殛也。戒之哉！嗟乎！無以汝色驕人哉？」顏不疑
歸而師董梧，以鋤其色，去樂辭顯，三年而國人稱之。(《莊子・徐
无鬼》)

與猴子相似的還有牛，不僅被穿牛鼻、本性喪失怠盡，而且被列為犧牲
品（「犧牛」），當然還是被解的對象。與此相聯繫，在莊子那裡，猴子是愚蠢
的象徵，牛則成為犧牲品的代名詞。此外，螳螂、蝸、麻雀和豬等也帶有某
種消極意義。例如，《莊子》書曰：

汝不知夫螳螂乎？怒其臂以當車轍，不知其不勝任也，是其才
之美者也。戒之，慎之，積伐而美者以犯之，幾矣！(《莊子・人間
世》)

濡需者，豕蝨是也，擇疏鬣長毛，自以為廣宮大囿。奎蹄曲隈，
乳間股腳，自以為安室利處。不知屠者，之一旦鼓臂布草操煙火，
而己與豕俱焦也。(《莊子・徐无鬼》)

與此同時，《莊子》還慣於用人與動物的關係如解牛、牧羊、承蜩、釣魚
和相馬等表示人的事業和作為。例如，人們耳熟能詳的庖丁解牛承載著只有
擺脫功利之心而專心致志才能直指目標的意義，與此相似的還有痀僂者承蜩：

仲尼適楚，出於林中，見痀僂者承蜩，猶掇之也。仲尼曰：「子
巧乎，有道邪？」曰：「我有道也。五六月累丸二而不墜，則失者錙
銖；累三而不墜，則失者十一；累五而不墜，猶掇之也。吾處身也，
若厥株拘；吾執臂也，若槁木之枝。雖天地之大，萬物之多，而唯
蜩翼之知。吾不反不側，不以萬物易蜩之翼，何為而不得！」孔子
顧謂弟子曰：「用志不分，乃凝於神。其痀僂丈人之謂乎！」(《莊子・
達生》)

在這裡，承蜩表面上看是一種技藝，實際上是一種人生態度和生存智慧
──只有拋開功名利祿的干擾，才能進入真正的生存狀態。再如，以牧羊比

喻養生和事業。對於前者，《莊子》書曰：「開之曰：「善養生者，若牧羊然，視其後者而鞭之……」仲尼曰：「無入而藏，無出而陽，柴立其中央。」（《莊子·達生》）這裡的潛臺詞是，牧羊絕其後患與人的養生道理是一樣的，爲了尊生、養生和盡天年，必須放棄損生害性的一切因素（其中包括名利和是非等）。所以，才有像意怠鳥那樣「無入而藏，無出而陽，柴立其中央」的交往方式和活命之方。對於後者，《莊子》書曰：「臧與谷，二人相與牧羊而俱亡其羊。問臧奚事，則挾筴讀書；問谷奚事，則博塞以遊。二人者，事業不同，其於亡羊均也。」（《莊子·駢拇》）牧羊必須把精力投放到羊身上，養生或技藝的訣竅就是拋棄外在的誘惑、確保目標的實現。正如養生、盡天年必須放棄恩怨、是非或榮辱的羈絆一樣，牧羊的秘訣在於專心致志、用神專一。這就是牧羊帶來的啓示。

總之，基於濃鬱的動物情結，《莊子》書中湧現了大量的動物。這些動物的湧現在表露莊子動物情結的同時，也在有意無意之中影響甚至決定著莊子哲學的表述方式和思想內容。於是，人們不禁要問，莊子哲學中作爲普遍現象而絕非偶然事例出現的動物，其基本身份是什麼？與人的關係怎樣？動物的出現給莊子哲學帶來了什麼樣的影響？

第二節　人與動物平等

古代哲學的全部秘密都可以歸結爲對宇宙本原（中國）或萬物始基（古希臘）的追尋，這一理論旨趣使世界在古代哲學的視野中一分爲二：一爲本體（始基），一爲現象。前者是第一性的存在，用莊子的話說即「造物者」或「物物者」；後者是第二性的存在，是本原的派生物。在這個思維框架和邏輯分類中，人顯然屬於第二類的存在。按照古代哲學的思路，本體與現象不論在邏輯上還是在價值上都屬於不可混淆的兩個層次；第二性的存在之間由於都源於同一個本原而具有相同的出身和來源，具有同樣的意義和價值，其間是平等的。其實，在派生萬物的本原面前，萬物（包括人和動物）平等，以尋找宇宙本原（中國）和萬物始基（古希臘）爲旨歸的古代哲學均作如是觀。從這個意義上說，人與萬物（動物、植物乃至非生物）沒什麼兩樣。這是古代哲學的共性和通性，莊子的哲學也是如此。具體地說，萬物由道而來，是道的一個方面或形態，都有存在的合理性和正當性；與道的無限相比，又都

因為有限而不完善。因此，它們之間的大小、壽夭、美醜都是相對的，從道的高度看不值一提。這用莊子本人的話說便是：「天下莫大於秋豪之末，而大山為小；莫壽於殤子，而彭祖為夭。天地與我並生，而萬物與我為一。」（《莊子‧齊物論》）由此可見，莊子相對主義所傳遞的本體信息和意義便是基於宇宙本原高度的人與萬物的平等。

　　與古代哲學基於本體與現象的關係而強調人與萬物平等相伴而來的是，為了說明人的高貴性、崇高性和權威性，古代哲學家不遺餘力地強調人的特殊性，以此為人的存在、尊嚴和價值正名。例如，孟子的性善說證明了人具有與生俱來的道德觀念（仁義禮智之善端），因此不同於禽獸；連老子也強調雖然同源於道，但是，人為「四大」之一，在萬物面前具有優越性。在這方面，最典型的例子就是董仲舒哲學：一面斷言人和萬物均為上天所造，一面不厭其煩地論證上天生五穀絲麻是為了食人衣人、體現了對人的格外關照和偏愛；前者體現了人與萬物的平等，後者突出了人所特有的尊嚴和權威。正像強調本體與現象的不同地位而導致人與萬物的平等是古代哲學的共性一樣，對人的特殊性予以合理論證則是古代哲學的另一個共性。如果說前者沒有例外的話，那麼，莊子哲學則是後者的例外。具體地說，使莊子哲學成為例外或與眾不同的，與莊子的動物情結密切相關。動物情結和動物的大量出現使莊子哲學呈現出如下態勢：人與萬物的平等主要或具體表現為人與動物的平等，人與動物的平等掩蓋甚至吞噬了人的特殊性。於是，人們看到，在莊子的哲學中，如果說相對主義還是古代哲學本體與現象二分、人與萬物平等的老生常談、除了把宇宙本體替換成道之外毫無新意的話，那麼，是動物的參與為莊子的這一思想增添了獨特的魅力和創新因素。

　　基於濃鬱的動物情結，莊子在說明世界的演變時，力圖從道的無限變化出發、從本體哲學的高度為動物的存在提供合法性證明。他宣稱「通天下一氣耳」（《莊子‧知北遊》），認為整個宇宙就是道的作用的變化過程。在道永無休止的變化過程中，先是種子得水成為蚌類等低級水族、得土變為車前之類的低級植物，然後歷經植物變動物、動物變植物的層層轉化，人從馬變出、最終還要返回微妙的變化之旅。對此，《莊子》寫道：

　　　　種有幾（微妙——引者注），得水則為𩔖，得水土之際則為鼃蠙之衣，生於陵屯則為陵舄，陵舄得鬱棲則為烏足，烏足之根為蠐螬，其葉為胡蝶。胡蝶胥也化而為蟲，生於竈下，其狀若脫，其名

為鴝掇。鴝掇千日為鳥，其名為乾餘骨。乾餘骨之沫為斯彌，斯彌
為食醯。頤輅生乎食醯，黃軦生乎九猷。瞀芮生乎腐蠸，羊奚比乎
不箰，久竹生青寧，青寧生程，程生馬，馬生人，人又反入於機。
萬物皆出於機，皆入於機（即上面「種有幾」的幾──引者注）。（《莊
子‧至樂》）

透過這一系列令人心眩神迷、眼花繚亂的階梯或程序可以看出，在道的
無限變化中，動物大量出入其間，儼然就是宇宙演變的主角，不僅與人平分
秋色，簡直是掩蓋了人的光輝。與動物的輝煌以及其他古代哲學家對人的特
殊性的強調形成強烈反差的是，在莊子所描繪的道的無限變化中，人的出現
極其偶然，人與形形色色的存在一樣，只能算是道變化萬千中不經意的一種
形態，源於物（馬），返於物（機）。這與蟲生豹、豹生馬沒有任何不同。在
這個意義上，人與萬物的地位和身份相同，在宇宙間並沒有優越性。換句話
說，在道所顯示的生命流程中，人之生並沒有必然性。由於淡化了人的特殊
性、崇高性和權威性，人在莊子那裡始終缺少天然合理性，卻因此拉近了人
與萬物的距離。與此相呼應，濃鬱的動物情結和動物的大量湧現更是為人與
萬物的平等具體轉化為或主要表現為人與動物的平等推波助瀾。在莊子的論
述中，人與動物的平等主要集中在以下幾個方面：

其一，從身份和源頭來看，人與動物乃至萬物都源自道的無限變化，具
有相同的出生機制和身份證明。從這個意義上說，人與萬物平等。不過，在
人與萬物的平等中，莊子突出人與動物的關係平等。這一方面是由於在「血
緣」譜系中人與動物（馬）的關係最近，一方面是由於莊子濃鬱的動物情結。
在此基礎上，莊子把道說成是「物物者」，前一個「物」是動詞，其主語是道
而不是人；後一個「物」是名詞，指道所物之物，包括人、動物、植物乃至
非生物。確切地說，物主要指人和動物。《莊子》有言：「凡有貌象聲色者，
皆物也，物與物何以相遠！」（《莊子‧達生》）這表明，對於莊子所講的物不
可理解為自然物或事物，而應從「有貌象聲色」的角度去把握，符合這些條
件的，當屬植物之上的存在。在莊子那裡，人也是物，即物中平凡而普通的
一種。

其二，從存在和歸宿來看，人與動物相互轉化。《莊子》斷言：「萬物以形
相生。」（《莊子‧知北遊》）正如莊周與蝴蝶的形態相互變化不僅是夢境而且
是道的本然狀態或人的生命真相一樣，人形對於人來說乃是暫時的形態，只是

物化的一種表現。人來源於動物，還要返回動物。在人與萬物的這個相互轉化中，人沒有任何特殊性，與動物互相變來變去、是完全平等的。「生也死之徒，死也生之始，孰知其紀！人之生，氣之聚也。聚則爲生，散則爲死。若死生爲徒，吾又何患。故萬物一也。」（《莊子·知北游》）有鑑於此，莊子建議把生視爲「天行」（自然運行），把死說成「物化」（主要是人與動物的相互轉化）。

其三，從際遇和命運來看，人與動物都無法主宰或支配自己的存在，面臨和面對相同的生存境遇。知識和智慧是多數哲學家爲人引以自豪的，並藉此顯示人有別於萬物的優越性和高貴性，進而宣稱人爲萬物之靈。莊子卻認爲，人與動物一樣面對生命一片茫然和陌生，甚至弄不懂自己身體各器官之間的所屬關係或爲誰指使。這使人始終處於與動物無異的懵懵懂懂、不明眞相狀態。同時，在人生態度上，莊子追求天然本性的素實無華，反對知識、技巧的刻意有爲。這使人之知作爲人爲、虛僞的濫觴不僅不令人引以爲榮，反而避之而惟恐不及，更談不上用知對待生命了。莊子對知的漠視、蔑視和對天然素樸的渴望無形中拉近了人與動物之間的距離。

毫無疑問，莊子對人的特殊性的漠視和對人與動物平等關係的凸顯從兩個不同方向共同揭示、回答了動物的身份問題：動物既不是人類的附屬品以顯示人的高貴而爲人所用——如荀子以利用動物爲樂，也不是人的敵人或對手而與人互不相干——如孟子以近於禽獸爲恥；相反，動物是人的同伴和盟友——一起與道相對應。這決定了在莊子哲學中動物與人無論在地位上還是價值上都是完全平等的。換言之，如果人是主體，動物也是主體。於是，莊子寫道：「民濕寢則腰疾偏死，鰍然乎哉？木處則惴栗恂懼，猨猴然乎哉？三者孰知正處？民食芻豢，麋鹿食薦，蝍蛆甘帶，鴟鴉耆鼠，四者孰知正味？……毛嬙麗姬，人之所美也；魚見之深入，鳥見之高飛，麋鹿見之決驟，四者孰知天下之正色哉？」（《莊子·齊物論》）對於正處、正味和正色的認定，莊子遴選的裁判主體不僅有人，而且還有泥鰍、猿猴等諸多動物，並且沿襲老習慣——從動物講起，最終講到人；在展示動物與人從居住、飲食到審美等方面的不同天性和追求之後，莊子不是以人的是非、好惡作爲判斷標準，而是對人與動物一視同仁，在兼顧人與動物的解答中走向了相對主義。這一觀點既流露出人與動物平等的思想端倪，也是人與動物同是存在主體、認識主體和價值主體的必然結論。

在莊子那裡，動物與人完全平等、是獨立的存在和價值主體，可以推出

兩個結論：

其一，動物的本性與人的本性具有同等的意義和價值。因此，在對待動物的態度和方法上，應該像尊重人的本性那樣尊重動物的本性而不是施加人爲的破壞和戕害。《莊子》中這樣的呼籲比比皆是：

> 牛馬四足，是謂天；落馬首，穿牛鼻，是謂人。故曰：「無以
> 人滅天，無以故滅命，無以得殉名。謹守而勿失，是謂反其眞。」
> （《莊子·秋水》）

> 彼正正者，不失其性命之情。故合者不爲駢，而枝者不爲跂；
> 長者不爲有餘，短者不爲不足。是故鳧脛雖短，續之則憂；鶴脛雖
> 長，斷之則悲。故性長非所斷，性短非所續，無所去憂也。（《莊子·
> 駢拇》）

其二，衝出人類中心主義的思維樊籬，不應該爲了人類的利益而損害動物的生存，也不應該人爲地爲動物越俎代庖，正確的做法是站在動物的立場爲動物考慮。《莊子》的許多故事表達了這一思想，下舉其一：

> 祝宗人玄端以臨牢笑說彘，曰：「汝奚惡死！吾將三月豢汝，
> 十日戒，三日齊，藉白茅，加汝肩尻乎雕俎之上，則汝爲之乎？」
> 爲彘謀曰：「不如食以糠糟而錯之牢笑之中。」自爲謀，則苟生有軒
> 冕之尊，死得於腞楯之上、聚僂之中則爲之。爲彘謀則去之，自爲
> 謀則取之，所異彘者何也！（《莊子·達生》）

可見，爲豬謀與自爲謀是兩種不同的思維方式，對於豬會產生兩種截然不同的後果。爲了保護豬之本性，人類必須放棄自己的利益、站在豬的立場處理問題。有鑑於此，莊子號召人們都站在動物立場而不是人類中心主義的立場思考和處理問題。

其實，在莊子那裡，尊重動物本性與站在動物的立場爲動物謀是一個問題的兩個方面：只有從動物的立場而不是人的立場爲動物考慮，才能成全動物的本性而不致爲了人類的利益讓動物做無謂的犧牲。同樣的道理，只有眞正尊重動物的本性使之不受損害，才能夠保證從動物立場爲動物著想的理論初衷落到實處。

總之，如果說是動物情結使莊子在對世界演變的描述中加入了大量的動物、使動物成爲主角的話，那麼，人與萬物的平等在莊子那裡具體轉化爲人與動物的平等便成了意料之中的事。人與動物的平等本身即是一種動物情

結，並且反過來又爲確證動物的身份、使之成爲與人具有同等地位和價值的主體提供了合理辯護。作爲這一思想的直接後果，拋開人類中心主義，尊重、保護動物的天性以及站在動物而不是人類中心主義的立場爲動物謀劃便成了題中應有之義。莊子基於人與動物平等理念所提倡的衝出人類中心主義、保護生態環境和尊重動物生存權利等主張更是儒墨諸家所沒有的。

第三節　人與動物合一

與西方天人二分的思維方式和價值取向不同，重綜合的中國哲學崇尚天人合一。中國哲學的這一特徵在古代哲學那裡表現得最爲明顯和突出。

在天人合一的層面上，莊子如此，其他先秦哲學家也不例外。所不同的是，有別於儒家以道德完善的方式與注定人之命運的上天合一，不同於墨家基於天人交相利的爲天之所欲的法天順天、上同於天的與上天合一，莊子基於對道的理解的天人合一主要體現爲與老子相似的道法自然，其中的一部分內容便是人與天地萬物的合一。正因爲如此，《莊子》以動物喻人的同時，也有許多以植物喻人的情況。例如，以葫蘆比喻人對逍遙的嚮往、以樹木無用才能長壽伸張人的長生之道等：

> 惠子謂莊子曰：「魏王貽我大瓠之種，我樹之成而實五石。以盛水漿，其堅不能自舉也。剖之以爲瓢，則瓠落無所容。非不呺然大也，吾爲其無用而掊之。」莊子曰：「夫子固拙於用大矣。……今子有五石之瓠，何不慮以爲大樽而浮乎江湖，而憂其瓠落無所容？則夫子猶有蓬（茅塞——引者注）之心也夫！」(《莊子·逍遙遊》)

> 山木，自寇也；膏火，自煎也。桂可食，故伐之；漆可用，故割之。人皆知有用之用，而莫知無用之用也。(《莊子·人間世》)

在這裡，莊子模糊了人與植物的分別和界限，而強化了它們之間的一致和統一。有用便有害、無用即大用不僅適用於植物界、而且適用於人類，是其共同的生存法則。不僅如此，爲了說明無所可用才能實現大用——全生、盡天年的道理，除了《山木》篇「莊子行於山中，見大木，枝葉盛茂。伐木者止其旁而不取也。問其故，曰：『無所可用。』」(《莊子·山木》)的記載之外，《莊子·人間世》連用三個大樹無用而盡天年的例子對此加以強調和說明。現擷取如下：

匠石之齊，至於曲轅，見櫟社樹。其大蔽數千牛，絜之百圍，其高臨山十仞而後有枝，其可以為舟者旁十數。觀者如市，匠伯不顧，遂行不輟。弟子厭觀之，走及匠石，曰：「自吾執斧斤以隨夫子，未嘗見材如此其美也。先生不肯視，行不輟，何邪？」曰：「已矣，勿言之矣！散木也。以為舟則沉，以為棺槨則速腐，以為器則速毀，以為門戶則液樠，以為柱則蠹，是不材之木也。無所可用，故能若是之壽。」

匠石歸，櫟社見夢曰：「女將惡乎比予哉？若將比予於文木邪？夫柤梨橘柚果蓏之屬，實熟則剝，剝則辱。大枝折，小枝泄。此以其能苦其生者也。故不終其天年而中道夭，自掊擊於世俗者也。物莫不若是。且予求無所可用久矣！幾死，乃今得之，為予大用。使予也而有用，且得有此大也邪？且也若與予也皆物也，奈何哉其相物也？而幾死之散人，又惡知散木！」（《莊子·人間世》）

因為有了天人合一的大背景和前理解，在上面所舉的例子中，主語可以是人，可以是物；與此相聯繫，講述的故事和闡釋的哲理適用於人，也適用於物。當然，這個物可以分別特指植物、動物，也可以同時兼指動物和植物。正因為如此，莊子「處乎材與不材之間」的人生定位則同時取自植物和動物兩者，因為無論天人合一還是物我兩忘都不僅包括人而且包括動植物：

莊子行於山中，見大木，枝葉盛茂。伐木者止其旁而不取也。問其故，曰：「無所可用。」莊子曰：「此木以不材得終其天年。」夫子出於山，舍於故人之家。故人喜，命豎子殺雁而烹之。豎子請曰：「其一能鳴，其一不能鳴，請奚殺？」主人曰：「殺不能鳴者。」明日，弟子問於莊子曰：「昨日山中之木，以不材得終其天年；今主人之雁，以不材死。先生將何處？」莊子笑曰：「周將處乎材與不材之間。」（《莊子·山木》）

可見，在《莊子》中，人與動植物面對同樣的處境，動物和植物都象徵乃至代表著人，這正如人全息著整個宇宙一樣。至此，可以肯定，作為中國古代哲學的一分子，莊子哲學表現出天人合一的特徵。

如果說莊子的天人合一體現了中國古代哲學的共性的話，那麼，基於道的人與自然萬物的合一則帶有厚重的道家風範。需要說明的是，受其動物情結的牽制，莊子在萬物之中凸顯動物，致使天人合一具體演繹成人與動物的

物我兩忘、物我（動物與人）合一。換句話說，動物情結和動物的大量出現所導致的人與動物的合一展示了莊子天人合一的獨特神韻。這既是莊子哲學的獨特創意，也劃定了莊子與老子哲學的學術分野。

　　莊子動物情結視域下的天人合一始於動物，終於動物。其中既有對動物的推崇尊重，也有對動物的親近喜愛。正是出於對動物的尊重和喜愛，受制於天人合一的思維方式和價值取向，莊子不僅在其嚮往的理想社會中為動物爭取了廣闊的生存空間和用武之地，而且用「同……居，族……並」指示最理想的人物關係和生存狀態，以此突出人與動物的並列平等、天然合一，賦予動物與人相同的生存權利。於是，莊子曰：「故至德之世，其行填填，其視顛顛。當是時也，山無蹊隧，澤無舟梁；萬物群生，連屬其鄉；禽獸成群，草木遂長。是故禽獸可係羈而遊，鳥鵲之巢可攀援而窺。夫至德之世，同與禽獸居，族與萬物並。惡乎知君子小人哉！同乎無知，其德不離；同乎無欲，是謂素樸。素樸而民性得矣。」（《莊子‧馬蹄》）

　　至德之世是莊子的理想社會和嚮往之鄉，之所以令莊子夢縈魂牽，很大程度上是因為這裡的人享受著與動物的親近，其間完全是一種和睦相處、天然合一的關係。在這裡，人與動物之間的親密無間與人之間「鄰邑相望，雞狗之音相聞」卻民至老死不相往來的人情淡漠和心理距離形成強烈反差。更加意味深長的是，在描述了人與動物的親密無間、共同生存之後，莊子點出了在這種狀態下「民性得矣」。這表明，珍惜動物、尊重動物的生存權利是「民性」的題中應有之義，而是否與動物和諧相處、天然合一則是衡量人是否人性完滿（民性是否得）和世道是否文明（世是否至德）的一項重要指標。

　　更有甚者，莊子生時與動物為伴，在情感上、心性上與動物合一，死亡也不能把他與動物隔開，反而成就了他與動物打成一片乃至聯為一體的願望。《莊子》書載：

> 莊子將死，弟子欲厚葬之。莊子曰：「吾以天地為棺槨，以日月為連璧，星辰為珠璣，萬物為齎送。吾葬具豈不備邪？何以加此！」
> 弟子曰：「吾恐烏鳶之食夫子也。」莊子曰：「在上為烏鳶食，在下為螻蟻食，奪彼與此，何其偏也。」（《莊子‧列禦寇》）

　　在此，莊子基於道的無限運行和萬物的相互轉化，本著從哪裏來到哪裏去的原則，把自己的生命交付給了動物——烏鴉、飛鳥和螞蟻：一方面通過被動物同化與動物融合為一，完全回歸自然；一方面通過生死涅槃，在與動

物的完全合一中獲得永生。

由上可見，動物在《莊子》中的大量湧現不僅從一個側面證明了莊子天人合一的思維方式和價值取向，而且賦予其獨特的創意——在對動物的凸顯和關照中，使人與萬物的合一最終演變為人與動物的合一。

綜上所述，從理論層面看，莊子的動物情結具有不同的表現和邏輯層面：就原表層現象而論，表現為莊子以動物自喻、夢想變為動物和從動物獲取靈感以及對動物萌發的自發樸素的情感；就深層思想而論，體現為基於宇宙本原——道的人與動物的平等關係；就思維方式和價值取向而論，可以歸結為天人合一。從實踐和實際效果層面看，一方面，莊子關於尊重動物生存權利、反對破壞動物本性的舉動對於保護生態環境、緩解人與自然關係的惡化具有借鑒意義。另一方面，無論是莊子對世界圖畫的勾勒、對人與動物關係的釐定還是對天人合一的詮釋都有抹殺人的特殊性的思想傾向，其消極情緒和不良後果同樣毋庸諱言。

第六章 荀子的「明於天人之分」

荀子的本體哲學圍繞著「明於天人之分」展開，在具體的闡釋和論證中，荀子不僅從全新的視角界定了天、伸張了天本論，而且在人的作為中詮釋了人的本質。在此基礎上，荀子從天人關係的維度闡釋了人的命運。

第一節　天論的另類表達和人之命運的本體背景

基於儒家的文化傳統，荀子對談天樂此不疲。他專門著《天論》抒發對天的理解，闡釋天人關係。荀子對天的理解與孔子、孟子明顯不同，不是將天理解為人的命運的主宰，而是理解為包括列星和四時變化在內的整個自然界。在天與人的關係上，荀子試圖通過天人相分而臻於天人合一。

一、天就是自然界

在對天的界定上，荀子既沒有像孔子那樣把天視為冥冥之中的神秘主宰，也沒有如墨子一般把天說成具有好惡、意志的人格之神，而是斷言天就是整個自然界及其運動和變化。對此，荀子寫道：「列星隨旋，日月遞炤，四時代御，陰陽大化，風雨博施，萬物各得其和以生，各得其養以成，不見其事而見其功，夫是之謂神。皆知其所以成，莫知其無形，夫是之謂天。」（《荀子‧天論》）按照荀子的說法，眾星相隨地運轉，日月交替著照耀大地，季節由春到冬迴圈變更。由此，構成了自然界及其運動和變化。正是在自然界及其各種自然現象的運動之中，陰陽二氣相互作用化生出萬物，風雨博施使萬殊得到各種自然現象的相互調和而產生，得到各種滋養而完成。所謂的天，

其實就是整個自然界及其運動、變化和作用。在此，荀子強調，各種事物都是在大自然的化育中產生和成長的，天對萬物的生養沒有任何意志和目的的支使，是自然而然的。這用他本人的話說便是：「不爲而成，不求而得，夫是之謂天職。」（《荀子·天論》）

在此，荀子一再聲稱人對天「知其無形」、「不見其事」，這些都是在強調天自然而然、沒有意志，目的是爲了避免將天神秘化或人格化。其實，與孔子和孟子之天相比，荀子將天解釋爲自然界的本身在減少天的神秘性的同時，已經使天變得「有形」了許多。基於對天的這種理解，荀子進一步闡述了天人關係。

二、天具有自身規律

荀子強調，天生養萬物是一個自然而然、與人無涉的過程，天的存在、運動和變化也與人事無關，完全受其自身的必然規律支配。因此，荀子斷言：「天行有常，不爲堯存，不爲桀亡。」（《荀子·天論》）這就是說，不論人有何意願，無論人類社會有什麼樣的禍福興衰，都不會影響或改變天。這是因爲，天即自然界的存在是不以人的意志爲轉移的，不會因爲人而有所改變。這正如蘭芷自生自長在深山之中，不會因爲人看不見它，它就不散發芳芬一樣。對此，荀子指出：「天不爲人之惡寒也，輟冬；地不爲人之惡遼遠也，輟廣。……天有常道矣，地有常數矣。」（《荀子·天論》）天不會因爲人不喜歡寒冷就取締了冬季，地也不會因爲人不喜歡遼遠就停止了寬廣。天地的存在與人事沒有直接聯繫，對天地起作用的始終是——也只能是它們自身固有的規律和法則。

三、各種怪異現象都是天變化的形式

在荀子那裡，既然自然界的存在和運動都是自然而然的、與人並無直接聯繫，那麼，作爲自然界中陰陽變化的形式，各種怪異現象便與人的吉凶禍福無關。沿著這個思路，他指出，人如果看見罕見的現象感到奇怪是可以的，如果覺得恐懼就大可不必了。這是因爲，如果君主聖明、政治平和，即使各種怪異現象同時出現也不要緊；如果君主昏庸、政治混亂，即使無一怪異現象出現也沒有什麼好處。正是在這個意義上，荀子寫道：

> 星隊、木鳴，國人皆恐。曰：是何也？曰：無何也。是天地之

變，陰陽之化，物之罕至者也。怪之，可也；而畏之，非也。夫日月之有蝕，風雨之不時，怪星之黨見，是無世而不常有之。上明而政平，則是雖並世起，無傷也；上暗而政險，則是雖無一至者，無益也。(《荀子・天論》)

四、天不能決定人類社會的治亂興亡

在荀子看來，既然天的存在和運動受它自身規律的制約，是自然而然的，並且與人無關，那麼，天也就不能決定人類社會的治亂盛衰。對此，他說：「治亂天邪？曰：日月、星辰、瑞曆，是禹、桀之所同也。禹以治，桀以亂，治亂非天也。時邪？曰：繁啓、蕃長於春夏，畜積收臧於秋冬，是又禹、桀之所同也。禹以治，桀以亂，治亂非時也。地耶？曰：得地則生，失地則死。是又禹、桀之所同也。禹以治，桀以亂，治亂非地也。」(《荀子・天論》)這就是說，天地亙古亙今無有不同，春生夏長秋斂冬藏的自然規律也未嘗改變。可是，有了禹這樣的聖明賢君，天下便太平了；出現了桀這樣的昏庸暴君，天下就混亂了。由此可以推斷，天不能決定人類社會的治亂和興衰；人類社會的變故是人自身作為的結果，與天無關。

循著天與人事無關的邏輯，荀子進而指出，人因旱求雨與求吉卜筮一樣徒勞無益，這些只不過是統治者蒙惑百姓的託辭和掩飾罷了。其實，祭祀和卜筮根本改變不了上天的狀況和人的命運。於是，他斷言：「雩而雨，何也？曰：無何也，猶不雩而雨也。日月食而救之，天旱而雩，卜筮然後決大事，非以為得求也，以文之也。」(《荀子・天論》)

荀子對天的闡述構成了他的本體哲學的主要內容，對天的理解和述說則是對天本論的另類表達。上述內容顯示，荀子的天論有兩個基本要點：第一，張揚了天本論。荀子把自然界的一切現象——包括罕見的怪異現象都視為天的自然作用，致使宇宙中的一切存在包括人在內都成為天之陰陽化育的產物。在此，通過把天說成是由日月星辰等自然現象組成的自然界，荀子抽掉了天的神秘性和神聖性。第二，強調天人之分。一方面，天自然無為，不決策人事。另一方面，人之賢否、人事興衰與天無涉。正如天按照自己的規律運行而不因人事而改變一樣，天也不會直接注定人間的興衰治亂。荀子的說法使天與人都成為相對獨立的系統。

第二節　人之命運的社會定格

　　人是什麼？什麼是人類獨具的特徵？究竟要具備什麼條件才可冠以人的美稱？這是饒有興趣的問題。爲了揭開謎底，荀子進行了艱辛的探索，從不同角度探討了人與動物的不同，試圖給出人的本質規定性。在荀子的視界中，人之本質從三個維度共同呈現出來。

一、「人有氣、有生、有知亦且有義」

　　荀子把宇宙間的存在分爲四類：第一類是只有氣的非生物，如水、火等；第二類是有氣有生命的植物界，如草、木等；第三類是有氣有生命有智慧的動物界，如禽、獸等；第四類是不僅有氣有生命有智慧而且有義的人類。他進而強調，這四類存在標誌著不同的等級，後一類總是較之前一類內涵豐富、構成繁雜、地位高貴；人居最後，故而「最爲天下貴」，是宇宙中最高貴、最複雜的存在。對此，荀子寫道：「水火有氣而無生，草木有生而無知，禽獸有知而無義；人有氣、有生、有知亦且有義，故最爲天下貴也。」（《荀子·王制》）

　　荀子進而指出，在人的四種構成要素——氣、生、知和義中，前三種是人與其他存在共有的（儘管程度不同，如人類智慧高、動物智慧低等），只有義才是人類獨具的特徵。換言之，正是義使人從有氣有生且有知的動物界中脫穎而出，一舉成爲天下之貴。由此觀之，義是人的本質屬性。因此，荀子在《勸學》中宣稱：「義則不可須臾捨也。爲之，人也；捨之，禽獸也。」（《荀子·勸學》）荀子的這些說法不禁使人想起了孟子的「人之異於禽獸者幾希」和「無羞惡之心（即義或義之端——引者注），非人也。」

二、「人能群，彼不能群」

　　荀子指出，就軀體和生理機能而言，人在某些方面不及動物，如力不如牛大、跑不如馬快等等。儘管如此，人卻可以用牛耕地、用馬拉車，使它們爲人類服務。爲什麼牛馬的命運如此淒慘？人類卻可以耀武揚威？荀子給出了這樣的答案：「人能群，彼（指牛馬等非人之類——引者注）不能群也。」（《荀子·王制》）在他看來，人有群體性而動物沒有，群體性是人之所以勝物的關鍵。單個的人組成了群體，能量就會增加，力氣也會強大。這使人在與動物的競爭中無往而不勝。於是，荀子聲稱：「和則一，一則多力，多力則

強，強則勝物。」(《荀子‧王制》)有鑑於此，他強調，人是群體性的動物，離群索居、逍遙獨處是不可能的：第一，從人的情感寄託來看，能群是愛親的具體表現。宇宙之間，凡是有血氣的存在都有智慧，而凡是有智慧的存在都有愛類的本能。例如，大的鳥獸假若與群離散了，時過數日數月必沿途知返；即使是小的燕雀離開群體，也會悲鳴著向後張望。動物尚且如此，作為有血氣家族中最為上乘的人類，其愛親愛類的情愫更是深於、濃於他物。荀子斷言：「故有血氣之屬莫知於人，故人之於其親也，至死無窮。」(《荀子‧禮論》)正是由於人類的這種親親愛類的本能使其組建了家庭，進而形成了國家和群體。第二，從人的物質需要來看，群是人的生存需要。荀子認為，人的生活起居時時處處都與他人發生交涉，由此形成了一定的經濟交往和倫理關係，因而不得不群。對此，他指出：「故百技所成，所以養一人也。而能不能兼技，人不能兼官，離居不相待則窮。」(《荀子‧富國》)人的生存需要各方面的供給，如果不與他人交換技藝或勞動產品，構成一定的關係，既不利己又不利人，最終將招致人類共同的厄運。在這個意義上，荀子呼籲：「人之生，不能無群。」(《荀子‧富國》)這表明，人必須合群、與他人組成社會群體，否則，將無法生存。同時，只有加強群體的凝聚力，才能擴大人類的力量和智慧，提高人類在宇宙中的地位。從這個意義上說，是「能群」使人成為役使萬物的主宰，「能群」是人與動物的根本區別。

三、「人之所以為人者，……以其有辨也」

荀子認為，人之所以成為人，在嚴格意義上並不是因為人在形體上與動物不同——「二足而無毛」，而是「以其有辨」。(《荀子‧非相》)辨，分別也。在他看來，有分別是人類最本質的特徵。對此，荀子解釋說：「夫禽獸有父子而無父子之親，有牝牡而無男女之別。故人道莫不有辨。」(《荀子‧非相》)這就是說，動物有父子、雌雄之分，卻無親疏、尊卑之別，所以成為動物；人類既有父子之親，又有尊卑、長幼和男女之別，所以才成為人。以此觀之，辨、能分是人類的本質屬性。正是由於辨對於人的至關重要性，荀子對禮極其重視，專門著《禮論》探討禮的起源、作用和功能。在他看來，禮起源於人之辨的需要，其作用就是分辨——等貴賤、別尊卑、序長幼。進而言之，對人的本質是辨的認識和對禮的重視影響了荀子倫理思想體系的建構。與孔子以仁、墨

子以義爲核心建構道德哲學有別，荀子道德哲學的核心是禮。

　　義、群和辨既是荀子對人之本質的規定，也是他企圖把人從動物圈中劃分出來的有益嘗試。儘管這三個方面角度不同，實質卻是一致的、並且具有內在聯繫：第一，人能分與人的群體性是一致的：一方面，能分所以能群，分是群的要求。正是在這個意義上，荀子宣稱：「人何以能群？曰：分。」（《荀子·王制》）正因爲有父子、長幼、男女之分和貧富、貴賤、尊卑之別，才可以使每個人都處於不同的社會地位之上，從而達到整個社會的和諧。否則，「群而無分則爭，爭則亂，亂則窮矣。故無分者，人之大害也。」（《荀子·富國》）另一方面，群必須分，群是分的前提。正因爲人類生活在同一群體之中，人與人之間進行交涉和往來，所以才規定了各個人的名分和地位；否則，彼此不相往來，分也就失去了必要。第二，分、群與義具有內在聯繫。按照荀子的說法，人既不能無群，又不能不分；人的群與分是群而有分、分而有群。那麼，人究竟應該如何群？又如何分？答案是：義爲群和分提供了標準和依據。只有依義而分才能分得恰當，也只有依義而群才能合得和諧。與此同時，人「亦且有義」的本質規定也使分、群成爲義的題中應有之義。

　　從將人的本質界定爲義、群、辨中可以看出，荀子力圖以社會性和道德性來界定人，把人視爲社會存在而非生物存在。這與他力圖把人與動物區別開來，始終注重在異於禽獸中凸顯人的本質一脈相承。在經過了如此努力和探討之後，荀子把人界定爲生活在一定社會群體之中的（「群」）、處於一定社會地位之上的（「辨」）、履行一定道德規範的（「義」）存在。這是荀子在那個時代對人的本質的極好表述，是人類審視自身的有益收穫。這是因爲，他注重的是人特有的個性，而不是人與動物共有的共性。例如，在對人之爲人的說明中，莊子基於共同的本原——道而注重人與動物的共性，在把道稱爲「造化者」、「物物者」的同時，把人歸爲與道的其他派生物——動植物無異的「物」之範疇。莊子的這一做法在讓人崇尚天然本性、返璞歸眞的同時，在某種程度上抹殺了人特有的個性和人類的尊嚴。與此不同，荀子批評莊子「蔽於天而不知人」，對人之本質的界定拉開了人與動物的距離。這與儒家的道德情結息息相通，也是荀子堅守人禽之辨的必然結果。

　　必須指出的是，荀子不僅認爲人具有不同於動物的類本質，而且注意到了人與生俱來的生物本能。荀子承認人生來就有各種欲望，如「饑而欲食，

寒而欲暖，勞而欲息，好利而惡勞」（《荀子·非相》）等，並把這些都說成是人與生俱來、不事而成的先天本能。其實，荀子論性，其中的很大一部分是指人慾。他斷言：「情者，性之質也；欲者，情之應也。」（《荀子·正名》）人慾是人性的主要內容之一，從尊重人、保護人性出發，荀子對人慾給予了一定程度的肯定。他說：「雖爲守門，欲不可去，性之具也。」（《荀子·正名》）在這個意義上，荀子指出，人慾雖然不可能完全滿足，但要，儘量予以滿足和保障。在這個前提下，基於對人之本質的界定和對人禽之辨的堅守，荀子沒有把人與生俱來的生理欲望視爲人的本質，而是強調其中潛在著惡，進而提醒人們，如果不對之予以正確引導或節制，勢必引起爭端、造成混亂。這便是荀子斷言「人之性惡」的緣由。有鑑於此，在給予人慾一定程度保障的同時，荀子大聲疾呼改變人性、化性起僞。爲此，他一再告誡人「學不可以已」，在勸導人學義以遠離禽獸、臻於聖人的同時，注重良師益友、君長禮法的作用。按照荀子的說法，對於先天本性與後天人爲，只有兩者配合得當才是完滿的人。因此，他強調：「性僞合，然後成聖人之名。」（《荀子·禮論》）

　　從上面的介紹可以看出，荀子對人的規定既用社會性和道德性展現了人的高貴，使人位居於萬物之上，與動物劃清了界限；又用欲望和情感表明了人的生物性和現實性，說明人有血有肉，七情六欲無不備焉，故而與逍遙超脫、不食人間煙火的神無緣。這就是說，人就是社會屬性與自然屬性、心理機制與生理機制的統一。當然，基於儒家道德主義的思維方式和價值取向，荀子對人的本質的甄別只截取了前者。儘管如此，他對後者的注意爲人後天的作爲開啓了努力的方向。在某種程度上可以說，正是對人的這種界定爲荀子進一步探索人的命運、價值和作爲伏下了契機。

第三節　「制天命而用之」

　　基於天本論和天人關係，荀子開始了對人之命運的破譯。在探究人在宇宙中的地位及人的命運、闡釋力與命的關係時，他既強調人是自然的產物、應遵循自然規律，又肯定人的作用和價值、鼓勵人積極作爲；既看到了遵循自然規律和道德準則就能保壽得福的必然性，又注意到了某些偶然因素對人之命運的影響。

一、人是自然的產物，必須遵循自然法則

循著天本論的思維邏輯，荀子斷言：「天地者，生之本也。」（《荀子‧禮論》）這就是說，天地是生物的本原。同樣，人在大自然的化育中「形具而神生」（《荀子‧天論》），有了耳、目、鼻、舌、身等天然的感官和心這個天然的君主，於是便有了好惡、喜怒、哀樂之情。由此看來，人的一切生理和心理現象都是大自然賦予的，人賴以生存的物質供給也是在自然界中索取的。對此，荀子說：

> 好惡、喜怒、哀樂臧焉，夫是之謂天情；耳、目、鼻、口、形，能各有接而不相能也，夫是之謂天官；心居中虛，以治五官，夫是之謂天君；財非其類，以養其類，夫是之謂天養；順其類者謂之福，逆其類者謂之禍，夫是之謂天政。（《荀子‧天論》）

為了彰顯人與天的血緣關係，讓人時刻遵循自然法則，荀子把人的一切都固定在自然的框架之中：耳目為天然的感官，好惡為天然的情感，心為天然的思維器官；並且，分辨萬物、獲取供養是「天養」，順應自然規律是「天政」等等。這一切表明，人是自然的產物，永遠也逃遁不了自然的制約。作為自然的一部分，人要以遵循自然規律作為行動的前提和依據。人只有順應自然，遵循自然規律，才能收到良好的效果；反之，人違背了自然規律，必然招致災難和禍端。於是，荀子宣稱：「應之以治則吉，應之以亂則凶。」（《荀子‧天論》）同樣的道理，只有那些順應自然規律的合理措施才能給人帶來吉祥，那些違背自然規律的不合理措施只能給人帶來厄運。這用他本人的話說便是：「暗其天君，亂其天官，棄其天養，逆其天政，背其天情，以喪天功，夫是之謂大凶；聖人清其天君，正其天官，備其天養，順其天政，養其天情，以全其天功。如是，則知其所為，知其所不為矣，則天地官而萬物役矣。」（《荀子‧天論》）在荀子的視界中，雖然天人相分，天不能干涉人事，人也不能影響天的作為，但是，這絕不意味著人與人毫不相干。事實上，人與天的血緣親情決定了人必然遵循自然規律而行。這是人一切行為的大前提，也是人永遠擺脫不了的宿命。從這個意義上說，人類永遠也無法徹底擺脫自然，成為一個自我封閉、自給自足的獨立群體。這在天人關係的維度闡明了人之命運的必然性。

二、人生活在社會群體之中，必須遵守社會規範

　　荀子對人的本質——無論義還是群、辨的認定都指向了以禮為核心的社會規範和倫理道德的必要性，致使遵守社會規範成為人的另一宿命。作為人區別於禽獸的本質規定，義本身即代表了道德觀念和倫理規範。群和辨的主要標準則是義，分合以禮才能保障人之為人。

　　與此同時，荀子對人之性惡的判斷加劇了禮等倫理規範的必然性和迫切性。循著他的邏輯，人生來就有的各種欲望如果得不到滿足就要外求，外求沒有節制、限度就會引起紛爭；這樣下去，勢必產生混亂，一發而不可收，進而破壞群體的程序與和諧。為了避免這種局面的發生，人必須遵守社會規範，用倫理道德來約束自己的行為。當然，這個道德約束力量就是以禮為核心的忠、信、愛和義等行為規範。

　　荀子尤其強調禮的至關重要性，斷言「禮者，所以正身也」（《荀子·修身》）。在他看來，小到個人的道德修養、人倫日用，大至國家的治理和行政的運作都應該以禮為標準。只有時時事事處處以禮節制，才能做得恰到好處。例如，「血氣、志意、知慮，由禮則治通。……食飲、衣服、居處、動靜，由禮則和節。……容貌、態度、進退、趨行，由禮則雅」（《荀子·修身》）。因此，正人君子「禮節行乎朝，……忠、信、愛、利形乎下」（《荀子·儒效》）。對於禮的至關重要性，荀子概括如下：「人無禮則不生，事無禮則不成，國家無禮則不寧。」（《荀子·修身》）由於人生活在社會群體中，在人與人、人與群的交往中，僅就社會領域而言，人也不是絕對逍遙的實體。這就是說，即使撇開天人關係，人的行動也必須時時處處受到社會道德規範的限制和束縛。人只有以禮節制、遵守社會道德規範，才能安身立命、保富保貴；如果背離道德規範，個人要身敗名裂、一事無成，國家也會受害頗深、永無寧日。

三、大體上，人能主宰和把握命運

　　荀子強調，在人與天的關係維度，人要遵循自然規律；在人與人的關係維度，人要遵守道德規範。這表明，人並不是完全自由和超脫的。儘管如此，荀子並不贊同老子和莊子等人一味順應自然、排斥仁義道德的做法。在天與人的關係上，荀子批判莊子「蔽於天而不知人」。在他看來，對待自然與人為的關係，正確的態度應該是：既要遵循自然規律，又要積極作為；在遵循自然規律的基礎上，利用規律、改造自然為人類服務。因此，荀子大聲疾呼人

對自然的改造和作爲，提出了「制天命而用之」（《荀子‧天論》）的命題，期望通過人自身的積極努力使「天地官而萬物役」（《荀子‧天論》），達到「財非其類，以養其類」——改造和利用自然萬物供養人類的目的。

　　沿著這個思路，荀子得出了人的貧富、禍福、吉凶不在天而在人，人可以主宰自己命運的結論。對此，他從正反兩方面進行了解釋和說明：從正的方面看，只要人既因循自然法則又積極作爲，便會收到好的結果，即使上天也不能把貧病禍凶強加於人。荀子斷言：「強本而節用，則天不能貧；養備而動時，則天不能病；脩道而不貳，則天不能禍。故水旱不能使之饑，寒暑不能使之疾，祅怪不能使之凶。」（《荀子‧天論》）從反的方面看，人若違反自然法則或行動怠惰，便會遭到不幸。對此，上天也無力對人加以補救。這用他本人的話說便是：「本荒而用侈，則天不能使之富；養略而動罕，則天不能使之全；倍道而妄行，則天不能使之吉。故水旱未至而饑，寒暑未薄而疾，襖怪未至而凶。」（《荀子‧天論》）

　　正反兩方面的例子共同說明，一切禍福、壽夭和吉凶歸根結底都是人自身行動造成的，是人爲的結果，與自然災害沒有直接關係，更不是出自神的安排。正是在這個意義上，荀子寫道：

　　　　楛耕傷稼，枯耘傷歲，政險失民，田薉稼惡，糴貴民饑，道路有死人，夫是之謂人祅；政令不明，舉錯不時，本事不理，夫是之謂人祅；禮義不修，內外無別，男女淫亂，父子相疑，上下乖離，寇難並至，夫是之謂人祅。祅是生於亂，三者錯，無安國。（《荀子‧天論》）

　　與肯定人可以主宰自己的命運相一致，荀子認爲人性是可以改變。在他看來，儘管從本性上說人是惡的，然而，人可以通過後天的作爲改變不善的人性使之向善。對此，荀子強調，即使是至善的聖人也並非性善，在人性惡這一點上，聖人與常人別無二致，是一樣的。這就是說，聖人並非生來就與眾不同，聖人不同於常人之處也即聖人的可貴之處在於「化性而起僞」——積極不懈地改變人性。由於有了聖人的成功典範，荀子堅信，一般人通過後天的不斷積習向善也可以成爲聖人。具體地說，改變性中之惡主要有兩種途徑：一是努力學習不斷積習，久而久之成爲聖人；一是主動接近良師益友，在良師益友的堯舜湯禹之正言、正行潛移默化的影響和薰染下日臻於正道。正是在內因與外因的相互配合下，人完成了對性惡的超越和自我人性的昇華。

四、在細節上，人的命運帶有偶然性

荀子認爲，從大體上說，人可以主宰自己的命運：遵循自然規律、遵守社會倫理規範得吉，違背自然規律、破壞社會倫理規範得凶——是福是禍全憑自己的選擇和作爲。在這個前提下，荀子並不排除偶然因素對人命運的影響。偶然事件總是讓人始料不及，對人之際遇也會帶來某些意想不到的影響或改變。一般說來，有才有德之士可以食高官俸祿，然而，如果命運偏偏捉弄他，使他懷才不遇，得不到賞識，最後也只得抱恨終身。姜尙不遇文王，將會窮困潦倒至老死；孔子如遇明君，何必「知其不可而爲之」？同樣的道理，修身養性者可求「正命」，然而，意外的事故卻可以給他的生命畫上一個永久的休止符。在某些情況下，一個偶然的小事件就可以完全改變一個人的命運：或升入天堂，或沉入十八層地獄。也許正是命運的無奈無常，荀子發出了這樣的感歎：「遇不遇者，時也；死生者，命也。」（《荀子‧宥坐》）

滿腹經綸不遇伯樂者何其多，庸庸常常飛黃騰達者也不少。茫茫宇宙、芸芸眾生，並非所有人都能夠壽終正寢！於是，激昂奮進之後，荀子給命下了一個哀怨、淒涼而略帶神秘的定義：「節遇謂之命。」（《荀子‧正名》）在這裡，荀子把命說成是一種不可捉摸的偶然際遇。對此，他解釋說，楚王的侍從之車有數千乘，並不是由於他智慧過人；君子道德高尙卻啜菽飲水、生活貧困，並不是由於他愚笨。這一切都出於偶然，是「節遇」的結果。

五、非相

荀子認爲，人的命運不在天而在人，決定命運的不是人與生俱來的形體，而是人後天的行爲。基於這一認識，他引用大量的事實反駁相術的靈妙，以此反對人們通過觀察相貌預測命運的做法。

首先，荀子認爲，具有相同命運的人，相貌並不相同，甚至還可能截然不同。對此，他舉例說，堯和舜都是帝王，而兩人的身材相差懸殊：堯身材修長，舜卻身材矮小。文王和周公同是周朝的聖人，文王身高，周公身矮；孔子和其門徒——子弓同是儒學大師，孔子高而子弓矮。這些例子共同證明，一個人身材的高矮、長短、大小以及相貌的美醜與他的命運之間沒有因果關係。

其次，荀子強調，相貌醜陋並不一定沒有才華或命運不濟，而是很有可能得福得吉。這方面的例子比比皆是，不乏其人：衛靈公的大臣——公孫呂身長 7 尺，面長 3 尺，額寬 3 寸，醜陋無比卻名動天下。楚國的孫叔敖是期思的郊野

之人，髮短而禿頂，左手長。可是，他坐在車馬上指揮、策劃，使楚國稱霸於諸侯。葉公子高微小短瘠，行若不勝其衣。可白公叛亂時，他誅殺白公，平定楚國易如反掌，仁義功名善於後世。此外，西周時徐國的國君徐偃王的樣子，目可瞻額；孔子的樣子，臉形兇惡，像古代驅逐疫鬼或出喪開路用的方相；周公的樣子，身如一株枯折的樹幹；皋陶的樣子，色如削去皮的瓜；閎夭的樣子，鬢鬚須多，臉上簡直看不見皮膚；傅說的樣子，背駝得像魚背上的鰭直立起來；伊尹的樣子，臉上沒有眉；禹像跳著走；湯半身偏枯；堯和舜都三個瞳人。對此，荀子總結說，這些人儘管都相貌奇特，卻或功德蓋世、或事績顯赫、或文采出眾。由此可見，通過身體的長短和相貌的美醜不能預測人的行為和命運。

再次，荀子指出，相貌姣美者不一定德行好，卻可能禍國殃民。這方面的典型例子是，古代的暴君夏桀和商紂都身材頎長、容貌姣美，是天下的豪傑，並且能文能武。可是，美貌並不能保證夏桀、商紂的好運，兩人身死國亡、為天下大戮。後人言惡，必以兩人為例證。可見，相貌美好者未必行為或命運就好。

通過上面的論證，荀子得出了這樣的結論：

> 故相形不如論心，論心不如擇術。……術正而心順之，則形相雖惡而心術善，無害為君子也；形相雖善而心術惡，無害為小人也。君子之謂吉，小人之謂凶。故長短、小大、善惡形相，非吉凶也。（《荀子·非相》）

按照荀子的說法，人的相貌美醜不僅與德行才華無關，而且與命運吉凶無涉。既然如此，通過形體相貌預測人之命運（「相形」）純屬無稽之談，並不可信。

總之，荀子既承認人受規律和法則的制約，又主張人積極作為，主宰自己的命運。這在杜絕消極無為的同時，堵塞了通向狂妄亂為之路。荀子對人之命運的闡釋既看到了決定人之命運的主導因素，又看到了命運中的偶然和不測。這是解開人的命運之謎的有益嘗試。

第四節　聖賢情結和哲學王構想

荀子肯定，人與人之間具有尊卑、貴賤、貧富或智愚之分，這決定了他不可能讓處於不同地位、不同階層的人機會均等地參與一切社會事物或者主

宰命運。那麼，作爲天下之最貴，可以主宰命運的人究竟是誰？換言之，什麼樣的人才是荀子寄予厚望、委以重任的人呢？

荀子所崇拜和期盼的主要有三種人，即聖人、老師和君王。一方面，這三種人具有某些相通之處，都非普通老百姓所能及。另一方面，他們所發揮作用的場所和領域是不同的。

一、聖人，道德高深者也

荀子聲稱：「聖也者，盡倫者也。」（《荀子·解蔽》）這就是說，聖人通曉萬物之理——當然包括一切倫理綱常和道德規範，理所當然地成爲人之命運的導師。具體地說，聖人就是人倫的光輝榜樣，人在現實生活中所依據的各種道德原則和行爲規範都是聖人制定的。這用荀子本人的話說便是：「聖人化性而起僞，僞起而生禮義，禮義生而制法度。」（《荀子·性惡》）由此，他把聖人奉爲人的行爲典範，一再敦促人傚仿聖人化性起僞，在向聖人學習中改變人性之惡。

二、師傅，知識淵博者也

聖人是人的行爲典範，然而，並非人人都能有幸與聖人並時而生，聆聽聖人教誨。爲了消除這個遺憾，荀子讓人通過老師來領悟聖人之言，模仿聖人之行。對此，他斷言：「學莫便乎近其人，……方其人之習君子之說，則尊以遍矣，周於世矣。」（《荀子·勸學》）引文中的「其人」，良師也。按照荀子的設想，在良師的諄諄教導和耳濡目染下，人能夠克服本性之惡而日臻於善。於是，荀子得出了如下結論：「人無師法，則隆性矣；有師法，則隆積矣。」（《荀子·儒效》）

基於這種認識，荀子提出了貴師重傅的思想。他確信：「國將興，必貴師而重傅；貴師而重傅，則法度存。」（《荀子·大略》）這就是說，是否尊重老師是國家興衰的關鍵。尊之則興，賤之則亡。這是因爲，只有在良師的正確引導和教化下，人才能知識速通、勇敢速威、才能速成、周察速盡、辯論速決。老師爲人之成才開啓了正確方向，並且使一切都變得事半功倍起來。也正是老師的教導使人免於陷入盜、賊、亂、怪和誕之禍。（均見《荀子·儒效》）由是，荀子盛讚：「師法者，人之大寶也。」（《荀子·儒效》）

三、國君，地位至尊者也

荀子論政，歷來主張禮法並重。如果說禮樂的教化由聖和師來引導的話，那麼，法律的刑罰則由君主來實施。他斷言：「君者，國之隆也。」（《荀子·致士》）君主是一個國家地位最尊最顯之人，君主的威嚴和表率作用是無窮的。從這個意義上說，「君者，民之原也。原清則流清，原濁則流濁。」（《荀子·君道》）有鑑於此，荀子認為，君主是一個國家治亂的根本。

總之，荀子最終把人之命運託付給了聖、師、君。選擇他們作為人類命運的代言人，流露出荀子的聖賢情結和哲學王構想。從中可以看出，荀子是本著儒家的差等原則以尊者、貴者為推崇對象的，對人之命運的解釋是在宗法等級的視域下進行的。

上述內容顯示，荀子對人之命運的闡釋是在天人關係的維度中立論並展開的。不僅如此，在天人關係上，荀子不是像其他古代哲學家那樣關注天人合一，而是強調天人相分，他的命運觀可以稱為天人相分命運論。這種命運學說認為，天有天的功能，人有人的功能——天的功能是生養，人的作用是治理；天不能主宰人的命運，人也不能為天謀劃或改變自然規律。在這個意義上，天與人是兩種互不干涉的獨立存在。荀子的這些觀點為人主宰自己的命運開闢了自由空間。與此同時，荀子所講的天人相分並不是天人二分或天人對立。具體地說，荀子之所以強調「明於天人之分」，是因為人在自然的化育中「形具而神生」；人是自然的一部分，而並非完全脫離自然的自由存在。正因為如此，人可以「制天命而用之」，前提是順應自然規律。因此，無論如何，人永遠也不能夠違天背道而行。遵循天的規律而積極作為必吉，違背天的規律而怠惰乖戾必凶。這是必然的，沒有商量的餘地和可能。由此可見，在荀子所講的天人之分中，分的前提是合，分的目的是為了更好地合。

對人與自然關係的現實觀照使荀子成為先秦第一個以冷靜的目光對人類自身做出反思的哲學家。他對人之本質的界定和對人的命運的闡釋對今天解開人類命運之謎仍有指點迷津之益。

荀子不再把人的命運託付給想像中的若有若無的神，而是直接把命運說成是人自身的命運——大致說來，人的命運與其自身的作為有關：遵守客觀規律、行為勤勉奮進、崇尚禮義仁智得吉，背離客觀規律、行為怠惰散漫、淫亂不孝不義得凶。這在某種程度上肯定了人的命運軌跡與其自身行為的內在因果聯繫。

　　與同時代的其他哲學家相比，荀子對偶然際遇影響人之命運的闡釋道出了命運之中具有人所無奈、無助、無法把握的因素，那便是：無論科學技術如何發達、社會如何進化，人都無法百分之百地把握命運，成為一個絕對自由的實體。其實，人的命運一半在人類自身，一半在自然之中；一半取決於自身努力，一半取決於外在因素；一半出於必然，一半出於偶然。

　　荀子對命運的闡釋在思維方式上是對孔子隨機命定論的或然論與墨子因果天命論的必然論的綜合和概括。在荀子的視界中，人的命運就是每個人的在天者與在人者的無序堆積，即必然與偶然的奇妙組合。有鑑於此，荀子主張對於命運之中不可把握的因素不要苛求，對待命運之中可以把握的因素決不放棄。這用他本人的話說便是：「敬其在己者，而不慕其在天者。」（《荀子・天論》）在此基礎上，荀子鼓勵人心平氣和地去迎接命運的每一次挑戰和考驗，勇敢地做命運的主人。

第七章　魚在莊子視界中的象徵意義

　　「北冥有魚」是《莊子》全書的第一句話，魚也隨之成爲書中的第一個主人公。事實上，魚在《莊子》中不僅多次出現，而且寓意深刻。「北冥有魚」之魚的出現是偶然還是必然？「北冥有魚」之魚是特指還是泛指？魚究竟有何身份和作用？以「北冥有魚」爲切入點，通過對這些問題的逐層追問，可以發現莊子的動物情結，從而深刻領略莊子哲學的獨特意蘊。

第一節　「北冥有魚」之魚的出現是偶然還是必然？

　　汪洋肆意的《莊子》首篇是《逍遙遊》，從「北冥有魚」開始。作爲全書的第一句話和第一個主人公，「北冥有魚」和魚的出現是偶然還是必然？這牽涉莊子對魚的態度和看法，同時也不失爲理解和把握莊子哲學的恰當切入點。

一、魚之出現──從偶然到必然

　　如果單憑魚是《莊子》開篇的第一個主角、全書以「北冥有魚」開頭便對魚與莊子哲學的關係妄下結論似乎有臆斷之嫌。然而，翻閱《莊子》便會發現，「北冥有魚」之魚餘溫尚在、還沒有被淡忘，魚便一次又一次地反覆出現。或天池、或涸溝、或濠中、或深淵，魚不斷更換出場地而不只在「北冥」中。一個簡單的例子是，魚在《莊子》中的出現不是一次而是數次。據初步統計，高達 40 餘次。此外，除了魚這個通稱之外，鯤（大魚）、鯢（小魚）、鰷（蒼條魚）和鮒（鯽魚）等特稱也多處使用，甚至連鱣魚（「鼉」）、甲魚（「鼋」）和鱉等也佔有一席之地。魚在《莊子》中出現的頻率之高和種類之多共同說明了兩個問題：第一，魚的出現絕非偶然而是帶有某種必然性。第二，《莊子》

以「北冥有魚」開篇暗含玄機。前者爲後者提供了證據和展開，後者爲前者提供了基礎和切入點。其實，魚出現的必然性在莊子的一貫主張和興趣愛好中得以確證，正如「北冥有魚」的暗示變得更加清晰。

首先，莊子對魚偏愛有加，這從他以魚自比中可見一斑。眾所周知，莊子崇尚「無情」，在處理人際關係時表現出某種程度的冷漠。與此形成強烈反差的是，一向自命清高、卓然不群的莊子卻喜歡以魚「自居」。《莊子》記載：

> 莊周家貧，故往貸粟於監河侯。監河侯曰：「諾。我將得邑金，將貸子三百金，可乎？」莊周忿然作色曰：「周昨來，有中道而呼者，周顧視車轍，中有鮒魚焉。周問之曰：『鮒魚來，子何爲者耶？』對曰：『我，東海之波臣也。君豈有斗升之水而活我哉！』周曰：『諾，我且南遊吳越之王，激西江之水而迎子，可乎？』鮒魚忿然作色曰：『吾失我常與，我無所處。我得斗升之水然活耳。君乃言此，曾不如早索我於枯魚之肆。』」（《莊子·外物》）

在這裡，莊子不僅揭露了監河侯的虛僞和吝嗇，而且形象地道出了自己的艱難處境和憤慨之情。在此過程中，莊子是以魚自比、用魚的口吻和處境來完成這一切的。這裡不僅有表述的方便和表達的形象問題，而且流露出莊子潛意識中對魚的親近和喜愛。

其次，莊子本人十分喜歡垂釣，並認定釣魚符合無爲的處世方式，從而將之視爲休閒的最佳方式。於是，《莊子》書中不止一次地記載：

> 莊子釣於濮水。（《莊子·秋水》）

> 就藪澤，處閒曠，釣魚閒處，無爲而已矣。（《莊子·刻意》）

再次，《莊子》中多次出現各種以魚爲生或以漁爲業的人，漁者、漁人和漁父等與魚相關的職業倍受尊敬。不僅如此，書中有一章（第三十篇）即名爲「漁父」（《莊子·漁父》）。如果說對打魚人不稱夫而稱父的稱謂本身已經凸顯出莊子的尊重之意的話，那麼，在接下來的敘述中，推崇漁父的行爲方式和人生原則的用意更是溢於言表。漁父的打扮和舉止自然隨意，儼然道家之化身——「有漁父者，下船而來，鬚眉交白，被髮揄袂，行原以上距陸而止，左手據膝，右手持頤以聽。」（《莊子·漁父》）更爲重要的是，漁父對儒家仁義之累、道家之眞詮釋得入木三分，以至於讓頗爲自負的孔子敬慕不已——「顏淵還車，子路授綏，孔子不顧，待水波定，不聞拿音而後敢乘。」（《莊

子‧漁父》）漁父的象徵意義是：漁就是人生的唯一事業，漁父就是人生的「教父」——教化之父，漁父的言行就是莊子所標榜的正確思想和處世之方。

這些與《莊子》以「北冥有魚」開端和魚的頻繁出現相互印證，共同指向了魚出現的必然性。

二、興趣緣起——人與魚的可比性

魚出現的必然性反映了莊子對魚的喜愛。正是由於莊子對魚的偏愛，才使魚的出現隨著次數的增多從最初「北冥有魚」的看似偶然變成了必然。隨之而來的問題是，莊子為什麼偏偏對魚興趣盎然？可以肯定的是，莊子不是生物學家，講魚的初衷醉翁之意不在酒。質言之，莊子講魚的最終目的是為了講人。那麼，人與魚究竟具有多少可比性？莊子之所以堅信通過講魚可以達到講人的目的和效果，是因為他認為人與魚具有驚人的相似性和可比性。有鑑於此，在闡釋人際關係和生活方式時，莊子每每魚人並提，讓魚與人相互對照。下僅舉其一斑：

> 魚相造乎水，人相造乎道。相造乎水者，穿池而養給；相造乎道者，無事而生定。故曰：魚相忘乎江湖，人相忘乎道術。……畸人者，畸於人而侔於天。故曰：天之小人，人之君子；人之君子，天之小人也。（《莊子‧大宗師》）

> 泉涸，魚相與處於陸，相呴以濕，相濡以沫，不如相忘於江湖。與其譽堯而非桀也，不如兩忘而化其道。（《莊子‧大宗師》）

> 泉涸，魚相與處於陸，相呴以濕，相濡以沫，不若相忘於江湖。
（《莊子‧天運》）

從這些引文可以看出，莊子對魚與人的一致性和可比性的解答包括如下幾個方面：第一，人與魚的生命都由於有待而生而不能自己——「魚相造乎水，人相造乎道」。第二，「相造乎水」魚「相造乎道」是魚與人必須面對的現實和生存根基。現實和根基決定了人離不開道，猶如魚離不開水一樣。對於人和魚來說，得道、得水是生存的第一要務和意義所在。第三，為了確保得水，魚必須生活在水裏；為了確保得道全生，人必須相忘乎道術。第四，正如「相呴以濕，相濡以沫」只能使魚危在旦夕、苟延殘喘一樣，是非、榮辱、名利乃至親情帶給人的是傷生害性。第五，魚得樂的方式是相忘於江湖，人只有擺脫是非、人情的拖累，才能夠享受有生之樂。

《莊子》中的一則記載以故事的方式生動地再現了莊子的上述思想，現摘錄如下：

> 莊子與惠子游於濠梁之上。莊子曰：「儵魚出遊從容，是魚之樂也。」惠子曰：「子非魚，安知魚之樂？」莊子曰：「子非我，安知我不知魚之樂？」惠子曰：「我非子，固不知子矣；子固非魚也，子之不知魚之樂，全矣！」莊子曰：「請循其本。子曰『汝安知魚樂』云者，既已知吾知之而問我。我知之濠上也。」（《莊子·秋水》）

這則故事打破了《莊子》中魚人群體對舉的套路，採取個體對舉的方式全息了莊子從魚那裡得來的生存智慧：第一，魚和人都是物化的一個階段或一種形態，魚之樂與人之樂一樣。因此，莊子對魚之樂知之，他對魚之樂的肯定便是對人之樂的肯定和提示。當然，這一切的前提是，濠上之魚是脫離拖累、相忘於江湖的自由之魚。第二，魚相忘於江湖則有魚之樂。莊子是在濠上看到「江湖」中而不是涸溝中的魚而知魚之樂的，因為此時魚「出遊從容」。試想，如果莊子此時看到的是涸溝裏的魚乾渴欲死還在相濡以沫，又該作何感想呢！第三，人相忘乎道術與魚相忘於江湖是一樣的，人要向相忘於江湖、自得其樂的魚看齊或學習。其六，魚得水和人得道都是得生，歸根結底即保持本性，知與素樸、率性的本真狀態背道而馳，於是，遠離知的相亂成為魚和人的又一個共同點。《莊子》云：

> 上誠好知而無道，則天下大亂矣！何以知其然邪？……鉤餌罔罟罾笱之知多，則魚亂於水矣。……知詐漸毒、頡滑堅白、解垢同異之變多，則俗惑於辯矣。故天下每每大亂，罪在於好知。故天下皆知求其所不知而莫知求其所已知者，皆知非其所不善而莫知非其所已善者，是以大亂。故上悖日月之明，下爍山川之精，中墮四時之施，惴耎之蟲，肖翹之物，莫不失其性。甚矣，夫好知之亂天下也！（《莊子·胠篋》）

有了上述對比，結論不言而喻──人應該像魚相忘於江湖那樣忘我、忘親乃至無所不忘。對此，《莊子》宣稱：「忘乎物，忘乎天，其名為忘己。忘己之人，是之謂入於天。」（《莊子·天地》）按照這種說法，忘卻一切是符合天道的具體方法和必經之路，人要想入於天而得道，忘得越乾淨越徹底達到的境界就越高遠越自由。正是基於這一理解，《莊子》以魚藏於淵的相忘江湖比喻──確切地說，是指導人之藏身和處世：

弟子曰：「不然。夫尋常之溝，巨魚無所還其體，而鯢鰍為之制；步仞之丘陵，巨獸無所隱其軀，而孽狐為之祥。且夫尊賢授能，先善與利，自古堯、舜以然，而況畏壘之民乎！夫子亦聽矣！」庚桑楚曰：「小子來！夫函車之獸，介而離山，則不免於網罟之患；吞舟之魚，碭而失水，則蟻能苦之。故鳥獸不厭高，魚鱉不厭深。夫全其形生之人，藏其身也，不厭深眇而已矣！」（《莊子·庚桑楚》）

魚藏得越深就越安全、越自由，人相忘得越徹底就越逍遙、越快樂。這是莊子以魚喻人得出的結論。循著這個邏輯，「君子之交淡若水」成為他的座右銘。莊子相忘於江湖的交往原則和處世之方取之於魚，著名的濠上之辯更是寄託和濃縮了他對生命的總體看法。

三、逍遙自由——魚的象徵和意義

既然莊子講魚歸根結底是為了講人，那麼，通過對人與魚的可比性的詮釋，莊子欲意對人說明或暗示什麼？稍加留意不難發現，莊子筆下的魚分為兩種狀態：一種困於乾涸的水溝或被人類的知識技巧所亂，危在旦夕或面臨滅頂之災；一種沒於深淵或擺脫彼此的牽累瀟灑自在、忘情遨遊。在莊子那裡，魚的兩種截然不同的存在狀態和生存境遇具有不同的象徵，代表不同的意義：前者本性喪失殆盡，是違背本性的異化狀態；後者率性自在，是保持本性的自由狀態。更為重要的是，莊子對魚的兩種存在狀態欄別對待——否定前者，肯定後者。換言之，莊子所關注和認可的是魚的後一種狀態，傾慕和嚮往的正是這種意義的魚。有了魚與生俱來的逍遙和自由，才有莊子「夢為鳥而厲乎天，夢為魚而沒於淵」（《莊子·大宗師》）的真情流露。至此可見，魚在《莊子》哲學中具有逍遙自由的象徵和意義。與魚相對應，人的存在也具有迥然相異的兩種狀態：一種是被情所困、為功名利祿所累的物役狀態，一種是忘卻是非恩怨、榮辱情仇的至樂狀態。對於人而言，如果魚的前一種狀態是警告或警示的話，那麼，魚的後一種狀態則是引導或榜樣。循著這個邏輯，擺脫人生之累的至樂之人必然能夠感受到江湖之魚的快樂和自由。這便是莊子在濠上知魚之樂的秘密所在。

與此同時，莊子一面感歎人生的拖累和人際關係的勾心鬥角造成的生命的無端消磨和生命本真的喪失——「其寐也魂交，其覺也形開。與接為構，日以心鬥。縵者、窖者、密者。小恐惴惴，大恐縵縵」（《莊子·齊物論》），

一面嚮往精神的自由和逍遙。面對名利、榮辱、是非和親情等種種拖累與忘我、忘是非、無所不忘的自由、逍遙所形成的強烈對比，莊子宣稱魚相濡以沫拖累下的苟延殘喘與相忘於江湖的逍遙自由就是人的鏡子，成爲人的反面教材和正面榜樣。由此，可以得出如下結論：第一，魚之所以成爲《莊子》的第一個主角與第一篇《逍遙遊》旨在描寫逍遙的境界密切相關。《莊子》33篇中第一篇是《逍遙遊》從一個側面暗示了魚與逍遙的內在聯繫，在後續的說明和具體描述中，魚成爲逍遙和自由的化身。對此，莊子寫道：「北冥有魚，其名爲鯤。鯤之大，不知其幾千里也。化而爲鳥，其名爲鵬。鵬之背，不知其幾千里也。怒而飛，其翼若垂天之雲。是鳥也，海運則將徙於南冥。……鵬之徙於南冥也，水擊三千里，摶扶搖而上者九萬里，去以六月息者也。」（《莊子·逍遙遊》）第二，《逍遙遊》乃至《莊子》全書以魚爲始，這種安排本身就暗示著只有從魚開始、只有像魚暢遊於大海（天池中）才能進入逍遙無待的自由境界。在此，魚是人羨慕的對象——因爲其自由，更是人學習的榜樣——因爲人如果選擇相忘於江湖的生活方式同樣可以進入與魚無異的逍遙境界，最終成爲魚——自由、逍遙、無待而無牽無掛。正因爲如此，在魚與人的對比和照應中，莊子始終無一例外地魚先人後。這不僅與《莊子》魚先出場，中間經過各種動物，最後是人之出現的順序相一致，而且有一切都從魚開始，引導人向魚學習之意。

有了人與魚的可比性、魚的象徵意義和對逍遙的渴望，便可以觸摸莊子喜歡垂釣、并視之爲最佳的休閒方式的理論初衷——以魚喻人、用釣魚方法比喻人生態度和處世之道：

> 任公子爲大鉤巨緇，五十犗以爲餌，蹲乎會稽，投竿東海，旦旦而釣，期年不得魚。已而大魚食之，牽巨鉤，陷沒而下鶩，揚而奮鰭，白波若山，海水震盪，聲侔鬼神，憚赫千里。任公子得若魚，離而臘之，自制河以東，蒼梧已北，莫不厭若魚者。已而後世輇才諷說之徒，皆驚而相告也。夫揭竿累，趣灌瀆，守鯢鮒，其於得大魚難矣！飾小說以干縣令，其於大達亦遠矣。是以未嘗聞任氏之風俗，其不可與經於世亦遠矣！（《莊子·外物》）

這則故事表面上看講的是釣魚的方法，任公子毫不著急，反而釣得大魚；那些不自量力的淺薄之徒強求名利，必然使自己的目的落空。它的深層意思講的是人生的原則，只有拋開功利、厚積薄發，才能自在逍遙。其實，莊子

講釣魚都圍繞著兩個層次展開。這正如《逍遙遊》中圖南的鯤鵬一樣：「水之積也不厚，則其負大舟也無力。……風之積也不厚，則其負大翼也無力。故九萬里則風斯在下矣，而後乃今培風；背負青天而莫之夭閼者，而後乃今將圖南。」（《莊子·逍遙遊》）透過這段文字，莊子力圖告訴人這樣的道理：人生在世，要想實現最宏偉的目標——實現人生的價值、飽嘗人生樂趣，就必須從大處著眼，不計較眼前的名利得失和世俗的是非榮辱。這就是前面所說的「任氏之風」。

　　總之，莊子哲學中並非只有「北冥」中那一條魚，魚在莊子視界中無論數量還是種類都不是單一的，而始終是以複數的形式存在的。魚的複數形式表明了魚的出現絕非偶然而是帶有必然性，而魚的必然性與魚象徵逍遙自由相對應。魚的象徵意義賦予魚以神聖使命，魚與生俱來的逍遙、自由緊緊吸引了莊子的興奮點和注意力。這意味著「北冥有魚」之魚的出現不是孤立的個案，正如魚預示著普遍性一樣，魚成為《莊子》第一個主角不是純粹偶然的。為「北冥有魚」的必然性和魚的普遍性作證的，是魚出現的次數和莊子對魚的態度，此外還有莊子對魚與人的可比性的理論闡釋和魚自由逍遙的象徵。

第二節　「北冥有魚」之魚是特指還是泛指？

　　當魚的出現不是偶然而是必然被確定，在莊子對魚的重視和魚的象徵寓意被澄清之後，下面的問題變得必要而迫切起來：魚在《莊子》中是特指還是泛指？魚僅僅指魚這一種動物還是可以泛指各種動物？換言之，莊子對魚以外的動物態度如何？

　　一方面，魚在莊子哲學中具有某種特殊性，象徵逍遙、自由即是其一。在這個意義上，只有鳥和馬與魚大致相當，其他動物沒有這個寓意。正因為如此，莊子才對魚如此重視和珍愛，以至於所有哲學都從魚開始——這也是「北冥有魚」成為《莊子》全書第一句話的主要原因。另一方面，《莊子》中的魚不僅以魚的特殊身份而且以動物的普遍身份出現。在一些情況下，魚指包括魚在內的所有動物而非特指魚類。事實上，除了魚之外，莊子對其他動物也喜愛有加。可以看到，莊子不僅以魚自比，鳥、龜和牛等魚之外的動物也曾是莊子的自比對象。《莊子》書中一而再、再而三地記載：

> 惠子相梁，莊子往見之。或謂惠子曰：「莊子來，欲代子相。」

於是惠子恐，搜於國中三日三夜。莊子往見之，曰：「南方有鳥，其
名曰鵷鶵，子知之乎？夫鵷鶵發於南海而飛於北海，非梧桐不止，
非練實不食，非醴泉不飲。於是鴟得腐鼠，鵷鶵過之，仰而視之曰：
「嚇！今子欲以子之梁國而嚇我邪？」（《莊子・秋水》）

莊子釣於濮水。楚王使大夫二人往先焉，曰：「願以境內累矣！」
莊子持竿不顧，曰：「吾聞楚有神龜，死已三千歲矣。王巾笥而藏之
廟堂之上。此龜者，寧其死為留骨而貴乎？寧其生而曳尾於塗中
乎？」二大夫曰：「寧生而曳尾塗中。」莊子曰：「往矣！吾將曳尾
於塗中。」（《莊子・秋水》）

或聘於莊子，莊子應其使曰：「子見夫犧牛乎？衣以文繡，食
以芻叔。及其牽而入於大廟，雖欲為孤犢，其可得乎！」（《莊子・
列禦寇》）

或暗喻，或明喻，莊子拿動物自比，有時發洩自己的不滿，有時抒發自
己的志向。無論初衷如何，有一點是可以肯定的，那就是：莊子對動物的關
注和親近如出一轍。

與此同時，在莊子哲學中，鳥和馬的地位足以與魚分庭抗禮。按照他的
說法，魚「化而為鳥」。或許是對魚的「愛屋及烏」，莊子對鳥也讚譽頗多。
於是，深闇不死之道的意怠鳥成為人的楷模。意怠鳥的生存態度和不死之道
被莊子及道家所心儀，簡直就是莊子的理想人格的真實寫照：「予嘗言不死之
道。東海有鳥焉，其名曰意怠。其為鳥也，翂翂翐翐，而似無能；引援而飛，
迫脅而棲；進不敢為前，退不敢為後；食不敢先嘗，必取其緒（剩餘——引
者注）。是故其行列不斥，而外人卒不得害，是以免於患。」（《莊子・山木》）
不難看出，意怠鳥與世無爭的生存態度和不為人先的明哲保身活靈活現地展
示了莊子的思想。莊子對理想社會的描述給人印象頗深，他魂牽夢繞的理想
社會即至德之世的樂趣之一便是人可以與以鳥為首的動物為伍。他寫道：

故至德之世，其行填填，其視顛顛。當是時也，山無蹊隧，澤
無舟梁；萬物群生，連屬其鄉；禽獸成群，草木遂長。是故禽獸可
係羈而遊，鳥鵲之巢可攀援而窺。夫至德之世，同與禽獸居，族與
萬物並。惡乎知君子小人哉！同乎無知，其德不離；同乎無欲，是
謂素樸。素樸而民性得矣。（《莊子・馬蹄》）

在此，如果說「萬物群生」、「禽獸成群」、「禽獸可係羈而遊」以及「同

與禽獸居，族與萬物並」都是泛指，表現了莊子對動物的普遍喜愛的話，那麼，「鳥鵲之巢可攀援而窺」則是特指，流露出莊子在諸多動物中對鳥的偏愛和格外關照。

需要說明的是，在關於鳥的論述中，莊子尤其對鳥的自在純眞、無心無爲讚歎有加，甚至宣稱聖人之所以成爲聖人，就是因爲聖人以鳥爲師——事實上，聖人是以無事無心的初生小鳥爲師，倣仿初生小鳥無事無爲。這便是：「夫聖人，鶉居而鷇食，鳥行而無彰。」（《莊子·天地》）

莊子對馬同樣傾注了無限的深情和關懷，使馬也格外引人注目：馬是《莊子》繼魚和鳥之後第三個出場的主角，並且是人類的祖先（「馬生人」），人從馬變化而來增加了人與馬的親近感。與魚分爲相累與相忘於江湖的兩種狀況一致，莊子筆下的馬亦擁有兩種天差地別的命運：一種是未經馴服的野馬，野味十足、本性健全，儘管茹毛飲雪，卻自由逍遙。一種是人爲馴服的馬，「燒之，剔之，刻之，雒之，連之以羈縶，編之以皂棧。……飢之渴之，馳之驟之，整之齊之，前有橛飾之患，而後有鞭筴之威」（《莊子·馬蹄》）。這種馬由於被加以種種人爲的殘害，死者過半；即使僥幸免於一死，也本性喪失怠盡。前者象徵自由，是莊子希望看到的馬的理想狀態；後者代表馬之眞美的喪失，爲莊子所深惡痛絕。與對馬的野性的推崇息息相通，保持馬的本性成爲莊子呼籲的保持動物本性的最急迫的內容之一。莊子對馬的野性的肯定和對馬本性喪失的抨擊匯聚成《馬蹄》，於是，《莊子》多了一篇以動物命名的篇章。當然，莊子在鳥中對初生小鳥（鷇）的格外傾慕和在馬中對未經人爲馴服的野馬的關注與知對魚和人的本性的戕害密切相關，具有內在的一致性。

上述內容顯示，儘管莊子對魚異常喜愛，然而，他並沒有對魚情有獨鍾。在「北冥有魚」之後，鳥、野馬、蜩、學鳩和蟪蛄等諸多動物緊接著出現。更有甚者，通觀《莊子》全書，動物種類高達百種以上。上有飛禽，下有走獸，大至虎豹，小至螻蟻，凡此種種，不一而足。這流露出莊子對動物的泛愛和博愛，一般動物均被納入視野。隨著越來越多的動物的湧現，莊子最初對魚的關注代之以對動物的普遍關注。這種轉變不應理解爲莊子對魚的移情別戀，而應視爲對魚關注的昇華和擴大。這是因爲，魚有魚、魚類和動物三層身份，可屬於魚類、水族類也可屬於動物類。在魚具有動物的身份和歸屬這個維度上，當魚是泛指時，莊子的魚情結本身即是動物情結。這是因爲，魚既是動物，又不能代表全部動物。在這個意義上可以說，對魚的鍾愛是且

僅僅是莊子動物情結的一部分而非全部。魚只是莊子動物情結的冰山一角或切入點，大量動物參與其中使莊子動物情結的全貌漸漸浮出水面。無論從哪種意義上理解魚與動物的關係，魚是泛指而非僅是特指都是毋庸置疑的。魚的這種泛指是深入理解莊子動物情結的入口處，魚情結的背後潛藏著巨大而豐富的動物群體。透過魚看到莊子對所有動物的關注是理解莊子動物情結、界定人與動物關係的應有高度和必備前提。

第三節　「北冥有魚」之魚是何身份和作用？

透過「北冥有魚」，既可以感到莊子對魚以及魚類的格外喜愛和關照，又可以領略他對動物的普遍重視。問題的關鍵是，「北冥有魚」之魚逍遙遨遊、自由自在，為莊子所向往在意料之中。與北冥之魚相似，魚會游、鳥能飛、馬跑得快，莊子對它們羨慕和讚賞不已似乎也不難理解。然而，魚在某些情況下如相忘於江湖時有逍遙、自由之寓意，是就魚的個體而言的，並非指魚類（相濡以沫之魚顯然不在此列）。進而言之，當魚泛指整個動物界時，魚所擁有的自由、逍遙的象徵便逐漸淡出，作為動物的普遍身份則日益凸顯。除此之外，《莊子》中還出現了不會游、不會飛、跑得慢甚至帶有消極意義的動物——如象徵愚昧的猴子、目光短淺的豬以及不自量力的螳螂等等，它們的數量遠遠大於前者。這個事實在印證「北冥有魚」之魚不僅僅指北冥中的那一條魚或單指魚類而是泛指動物的同時，又帶來了新的疑問：這些寓意如此不同的動物為什麼同時出現在《莊子》中？它們是否具有共同點？如果回答是肯定的，那麼，它們共同的身份和作用是什麼？由於魚在莊子哲學中得天獨厚的優越性，從魚入手揭開這些問題不失為行之有效的途徑。

眾所周知，莊子及莊子後學歷來有以魚比喻、指稱價值的傳統，例如，《莊子》書云：「荃者所以在魚，得魚而忘荃；蹄者所以在兔，得兔而忘蹄；言者所以在意，得意而忘言。」（《莊子·外物》）這個比喻被王弼念念不忘，以至於成為名句。這個比喻除了在現象或認識領域表達言、象與意的關係之外，還有本體層次或價值領域的意義。那就是：魚有目的之隱喻，與荃不屬於同一個價值層次，魚比荃更為重要——魚是目的、是價值，荃是工具、是手段。如果說魚是價值在這裡採用的還是隱喻的表達形式的話，那麼，莊子的下面這段論述則直接顯示了魚的價值：

　　民濕寢則腰疾偏死，鰌然乎哉？木處則惴慄恂懼，猨猴然乎
哉？三者孰知正處？民食芻豢，麋鹿食薦，蝍蛆甘帶，鴟鴉耆鼠，
四者孰知正味？……麋與鹿交，鰌與魚游。毛嬙麗姬，人之所美也；
魚見之深入，鳥見之高飛，麋鹿見之決驟，四者孰知天下之正色哉？
（《莊子‧齊物論》）

　　在論證居住、飲食和審美等沒有固定、統一的標準時，莊子兩次提到魚，
足以證明他對魚的重視和關照。更為重要的是，在列舉了魚與人的不同本能
和興趣之後，莊子不是讓魚一味地遷就人，而是對魚和人的「意見」都予以
尊重。這至少證明魚與人在莊子的價值系統中擁有相同的資格和權利——如
果說人是認識、判斷、審美和生存的主體的話，那麼，魚也是。一言以蔽之，
魚與人具有相同的身份。當然，從泛指的角度看，魚與其他動物具有相同的
身份和地位，所以引文中除了魚之外，還有數種動物。從這個意義上可以說，
這段引文中具體出現哪種動物並不重要，重要的是動物與人分庭抗禮的身份
和作用。從泛指的角度看，魚以及所有動物的身份都與人相似或相同。

　　縱觀莊子的整個思想可以看出，看中魚以及魚所屬的動物群體的價值，
將魚視為與人相同的主體是莊子的一貫主張。莊子這個獨樹一幟的觀點從各
個角度得以表現和伸張，也給莊子哲學帶來了相應的後果。

　　首先，動物的大量出現改變了莊子的敘述方式和話語結構，致使他的哲
學思想借助一個個故事娓娓道來。當然，故事中的主人公有人，也有大量的
動物。動物以主人公的身份出現使《莊子》的體裁以寓言為主。對此，《莊子‧
天下》篇早有定論。寓言與其他體裁的最大區別是，動物可以成為主人公，
並且具有與人一樣的語言、思想乃至生活。《莊子》以寓言為言說方式和話語
結構為動物的大量出現以及成為與人平起平坐的主體奠定了前提條件乃至提
供了方便。動物情結和動物的大量湧現無形中決定了莊子哲學以寓言為主要
的表達方式，《莊子》成為先秦哲學著作中唯一的寓言體經典文本。莊子採用
寓言形式、以動物為主人公講述哲學不僅生動形象、妙趣橫生，而且使動物
彷彿一面鏡子讓作為旁觀者的人避免當局者迷的困惑而保持清醒。

　　其次，動物的大量出現左右著莊子關注的焦點，在對世界圖像的說明中，
有意突出動物的存在，並在「馬生人」中點破了人從馬變化而來。從客觀後
果上看，莊子的這一做法無疑是在本體論的高度為動物正名：

　　種有幾，得水則為䔶，得水土之際則為蛙蠙之衣，……烏足之

根為蠐螬，其葉為胡蝶。胡蝶胥也化而為蟲，生於灶下，其狀若脫，其名為鴝掇。鴝掇千日為鳥，其名為乾餘骨。乾餘骨之沫為斯彌，斯彌為食醯。頤輅生乎食醯，黃軦生乎九猷。瞀芮生乎腐蠸，羊奚比乎不箰，久竹生青寧，青寧生程，程生馬，馬生人，人又反入於機。（《莊子·至樂》）

由此可見，如果說莊子之道體現為宇宙萬物相互轉化的過程的話，那麼，大量動物的介入使他描述的世界演變過程充斥著各種動物。結果是，人反而被擠在一個角落成了配角，世界儼然成為動物的天下。與蛙蟆、蝴蝶、蟲、鳥、程和馬等諸多動物相比，人可謂人單勢孤。人在其中的出現不過是曇花一現，僅有的「馬生人」三個字使人顯得慘澹和渺小。這恰好與莊子基於道的無限所描述的人生如白駒過隙般的轉瞬即逝相呼應，使人從高貴走向平凡，從特殊趨於普通。接下來的問題是，既然世界已經成為動物的天下，那麼，動物順理成章地應是宇宙的主宰者。於是，在進行認識、判斷和審美時，動物成為與人資格平等的主體。當然，這歸根結底與它們是存在的主體一脈相承。

再次，莊子認為道體現為生成宇宙萬物的過程，因此把道稱為「造化者」或「物物者」。在此基礎上，他對道所物之物的界定和說明有意拉近人與動物的距離，進而在淡化、模糊二者界限的前提下使人與動物相互轉化。更有甚者，莊子有意模糊自己與動物的界限，讓自己與動物物我兩忘。著名的莊周夢蝶即淋漓盡致地流露了這一思想傾向：「昔者莊周夢為胡蝶，栩栩然胡蝶也。自喻適志與！不知周也。俄然覺，則蘧蘧然周也。不知周之夢為胡蝶與？胡蝶之夢為周與？周與胡蝶則必有分矣。此之謂物化。」（《莊子·齊物論》）這則故事人們耳熟能詳，理解卻見仁見智。從字面上看，莊子並非在清醒的狀態下而是在夢中夢見自己是一隻蝴蝶。於是，有人便據此斷言，這個故事反映了莊子醉生夢死、虛幻荒誕的人生觀。其實不然。稍加留意即可發現，莊子講述自己夢中變為蝴蝶，並不是說變為蝴蝶的事是一種虛幻的夢境，而是說像蝴蝶那樣自由翱翔是莊子的夢想──「自喻適志與」。這與莊子浪漫主義的敘事方式和追求自由的情懷相吻合。因此，莊子不僅在夢中洋洋得意，確信自己就是一隻展翅飛翔的蝴蝶──「栩栩然胡蝶也」，而且清醒時還一再強調「不知周之夢為胡蝶與？胡蝶之夢為周與？」很顯然，這裡的「周之夢為胡蝶」抑或「胡蝶之夢為周」不是疑問而是設問，因此，莊子緊接著亮出

了謎底——「此之謂物化」。從「物化」的立場來審視，莊周夢蝴蝶與蝴蝶夢莊周本無區別。理解莊周夢蝶的誤區和分歧都聚焦於夢。如果把夢僅僅理解為虛無的、與現實對立的夢境，最終難免陷入迷途不能自拔；如果把夢理解為夢想、志向，則是避免曲解的門徑。後一種詮釋更接近莊子的本意。這個故事講述莊子做夢的經歷和內容，不是現在時而是過去時。因為是事後的回憶，所以開頭用了「昔者」以指明時間。正是在對夢境的回憶中，莊子抒發了自己的志向和情懷，並總結了人的生存狀態。這便是故事最後由莊子自己點明的 「物化」 ——莊子與蝴蝶的相互轉化以及潛藏的各種動物乃至存在的相互轉化。進而言之，熟悉莊子思想的人都知道，在他的哲學中，生死、夢醒是對舉的。正如生與死一樣，醒與夢是人生存的兩種境遇。由於生不逢時，迫於生活的種種拖累和桎梏，儘管齊生死，莊子還是忍不住對生時人的異化觸目驚心，免不了有死比生更為逍遙、死無人生之累的抱怨。莊子所講的夢醒與人的生理上的睡眠與清醒關係不大，醒與生對應，難免有躲閃不及的苦難和羈絆；夢與死對應，指向擺脫桎梏的精神自由狀態。莊子對夢醒極富道家色彩的闡述是後人理解莊周夢蝶的理論突破口。

方方面面的論證夯實了動物在莊子哲學中的主體身份，結果是，動物在《莊子》中的地位得以提升，擁有了與人一樣的資格和價值。至此，結論越來越明朗：魚的一般寓意以及所有動物的共同身份就是與人一樣的主體資格和身份，與人相等的價值和地位。這是魚的一般性定位，也是莊子哲學中所有動物的共同定位。

動物主體身份的確定和地位的提升改變的不僅是動物的命運，而且還有人的命運。具體地說，莊子一面感歎人生苦短、無可奈何，一面嚮往超越生命的極限和精神的自由。正是動物的存在尤其是人與動物的相互轉化延伸了人的存在時限，使人在與動物的相互轉化中接近無限變化的永恆之道，真正達到「入於天」的無限境界。

總之，當初是暗含玄機的「北冥有魚」透露出莊子愛魚的一絲信息，伴隨著魚出現次數的增多，「北冥有魚」之魚的出現也從貌似偶然變成了必然，進而彙集成魚情結；當魚泛指一切動物時，魚情結進一步擴大為動物情結。然而，這只是問題的一個方面。問題的另一方面是，莊子讓魚代表的動物捷足先登、第一個出場，而魚以及其他動物的大量湧現不僅渲染了莊子的動物情結，而且豐富了其動物情結的具體內容。同樣，動物的大量出現以及動物

情結不僅改變了世界在莊子意識中的模樣，而且改變了人與動物的關係，而這些改變最終又凝聚成莊子動物情結的一部分。正是在動物情結的宣洩與積澱的互動中，莊子講述著哲學，又改變著哲學，從而使自己的哲學擁有了獨特的思想意蘊和精神氣質。其中，最搶眼也最亮麗的是超越生命時限追求永恆的生死觀和基於動物主體身份、保護動物本性且頗具生態倫理智慧的動物論。

第八章　莊子的仿生哲學與寓言體裁

　　《莊子》從動物開始，第一句話就是「北冥有魚」。首篇《逍遙遊》的主角先是魚、鯤、鳥、鵬、蜩、斑鳩及鶵等諸多動物，之後才是列子、堯和許由等人的姍姍來遲。這種安排顯示了莊子濃鬱的動物情結。以莊子的動物情結爲切入點，通過莊子讓動物在各個部門哲學中的參與和以動物喻人、示人和教人的做法，可以深刻體會《莊子》寓言體裁的意義和莊子哲學的思維特色。

第一節　動物與《莊子》的主角

　　翻開《莊子》，最先映入眼簾的是一連串的動物：「北冥有魚，其名爲鯤。鯤之大，不知其幾千里也。化而爲鳥，其名爲鵬。」（《莊子·逍遙遊》）不僅如此，接下來的閱讀會愈加感到，動物在《莊子》中作爲第一「人稱」的現象不僅次數和場合極多，而且用途廣泛、含義豐富。幾乎在莊子的所有部門哲學中都有動物的參與，從本體哲學、認識哲學、價值哲學、人生哲學到政治哲學，隨時隨地都有動物在顯示和發揮著作用。

一、本體哲學——生命的本相

　　莊子給人們講述了這樣一則故事：

　　　　狙公賦芧，曰：「朝三而暮四。」眾狙皆怒。曰：「然則朝四而
　　暮三。」眾狙皆悅。名實未虧而喜怒爲用。（《莊子·齊物論》）

　　莊子認爲，人的生命是道賦予的，生與死一樣都不是人自己能夠決定或把握的。人之生不僅變幻無常，而且轉瞬即逝。這則故事說明，從現象來看，人生或許有「朝三而暮四」與「暮四而朝三」之別；從生命的實質來看，原

來沒有差別——這猶如朝三加暮四與暮四加朝三的結果沒有任何不同一樣。換言之，人生在世，或貧或富、或壽或夭、或通或塞、或毀或譽，表面上看來吉凶榮辱相去甚遠，從道的創生、人生的本質或生命的無奈來看，所有這些都是細節的差異，相去幾何！可是，獼猴卻不懂這個道理，因朝三暮四而怒，又因朝四暮三而喜。這不僅諷刺了人對待生命的不明事理，而且指出了其態度和做法的滑稽可笑。

二、認識哲學——相對主義

莊子的相對主義在先秦哲學中獨樹一幟，乃至被視爲奇談怪論。對於這種基於道、并帶有高度思辨色彩和形上神韻的思維方式及理論主張，動物的加入使莊子的闡釋變得生動鮮活，複雜的問題立即通俗易懂而不再晦澀奧賾了。

> 民濕寢則腰疾偏死，鰍然乎哉？木處則惴慄恂懼，猨猴然乎哉？三者孰知正處？民食芻豢，麋鹿食薦，蝍蛆甘帶，鴟鴉耆鼠，四者孰知正味？……毛嬙麗姬，人之所美也；魚見之深入，鳥見之高飛，麋鹿見之決驟，四者孰知天下之正色哉？（《莊子·齊物論》）

> 天地一指也，萬物一馬也。（《莊子·齊物論》）

第一段引文從居住、飲食和審美三個角度在泥鰍、猨猴、麋鹿、蝍蛆、貓頭鷹、烏鴉、魚以及鳥與人的對比中揭示，出不論是居住場所、飲食習慣還是審美情趣，各種存在都有自己的天然本性和好惡趨向，始終不能達成一致。這決定了它們的認識標準、天然本性和價值取向沒有統一的標準，因而是相對的。

此外，莊子的相對主義是建立在道無限而物有限、道派生物的本體哲學之上的。第二段引文以貌似輕描淡寫的短短十個字提升了相對主義的思維品位和理論高度，「馬」的出現使這個問題深入淺出、畫龍點睛。

三、價值哲學——返璞歸眞和崇尙本性

> 牛馬四足，是謂天；落馬首，穿牛鼻，是謂人。故曰：「無以人滅天，無以故滅命，無以得殉名。謹守而勿失，是謂反其眞。」（《莊子·秋水》）

> 彼正正者，不失其性命之情。故合者不爲駢，而枝者不爲跂；

長者不爲有餘，短者不爲不足。是故鳧脛雖短，續之則憂；鶴脛雖長，斷之則悲。故性長非所斷，性短非所續，無所去憂也。（《莊子・駢拇》）

莊子尚眞，把天然本性視爲美、反對人爲破壞自然之美。在莊子關於這方面的論述中，動物比人出現的頻率要高得多。就上面所擷取的二段引文而言，第一段以牛馬爲主角，在界定牛馬的天性與人爲之後，進而推出了尊重天性、擯棄人爲的主張。這裡說的不僅是牛馬的生存狀態，而且是人的生存狀態和價值旨歸——反對人對牛馬加以人爲的破壞而殘害其本性僅是其中的一層意思，還有一層意思是人也不應違反自己的本性活著。第二段的主角換成了野鴨和仙鶴，以性爲眞、尊性崇眞的主題和態度卻始終如一、沒有絲毫改變。

四、交往哲學——「相忘於江湖」的交往原則

魚相造乎水，人相造乎道。相造乎水者，穿池而養給；相造乎道者，無事而生定。故曰：魚相忘乎江湖，人相忘乎道術。……畸人者，畸於人而侔於天。故曰：天之小人，人之君子；人之君子，天之小人也。（《莊子・大宗師》）

泉涸，魚相與處於陸，相呴以濕，相濡以沫，不如相忘於江湖。與其譽堯而非桀也，不如兩忘而化其道。（《莊子・大宗師》）

泉涸，魚相與處於陸，相呴以濕，相濡以沫，不若相忘於江湖。（《莊子・天運》）

在人與人的關係以及對待交往的態度上，莊子反對隱遁山林或故意拒絕與當權者合作的極端行爲，也不贊成儒家把仁義和禮奉爲唯一的交往原則的做法。受制於崇尚自然天性的價值取向，莊子建議抛開仁義禮節的羈絆和是非恩怨的糾纏以臻於「淡若水」的君子之交。這種「淡若水」的君子之交，便是他嚮往的魚相忘於江湖式的交往。

在第一段引文中，莊子揭示了生命存在的根基——魚相造乎水、人相造乎道。循著這個思路，爲了給養，魚必須相忘於江湖；爲了定生，人必須相忘於道術。對於魚與人，「相忘」是其共同的命運和明智選擇。

以此爲大背景，第二段引文則具體說明了人爲之累、天（自然）之自由。爲了眞正「相忘」，必須因循自然、棄絕人爲，因爲天與人代表兩個不同的方

向。在此，莊子以恩愛束縛魚的逍遙、只能在乾涸的溝中相濡以沫、苟延殘喘與相忘於江湖的自由逍遙相對比，說明人拘泥於是非善惡不如忘是非、忘仁義、忘親乃至無所不忘地因循自然變化之道。

五、處世哲學——不爲天下先和無用自保

> 予嘗言不死之道。東海有鳥焉，其名曰意怠。其爲鳥也，翂翂翐翐，而似無能；引援而飛，迫脅（偎依，擠在群鳥中間——引者注）而棲；進不敢爲前，退不敢爲後；食不敢先嘗，必取其緒。是故其行列不斥，而外人卒不得害，是以免於患。直木先伐，甘井先竭。（《莊子·山木》）

莊子指出，人必須「群於人」，與他人組成群體是人生存的前提條件；在群體中，人要與世無爭，不爲天下先。意怠鳥的做法活靈活現地道出了莊子崇拜的通過在群中不先不後、從而內外不害而免於患難的養身全性之道。其實，莊子基於無爲而有大用的指導思想和不爲社會所用、不爲名利害生的人生追求，許多都是借助動物表達出來的。下僅舉其一斑：

> 夫豐狐文豹，棲於山林，伏於岩穴，靜也；夜行晝居，戒也；雖饑渴隱約，猶且胥疏於江湖之上而求食焉，定也。然且不免於罔羅機辟之患，是何罪之有哉？其皮爲之災也。（《莊子·山木》）

> 或聘於莊子，莊子應其使曰：「子見夫犧牛乎？衣以文繡，食以芻叔。及其牽而入於大廟，雖欲爲孤犢，其可得乎！」（《莊子·列禦寇》）

在不死之道的寓言中，通過東海之鳥的全生之方，莊子最後領悟到了「直木先伐，甘井先竭」的道理。直木因爲好用，所以最先遭到砍伐；甘井因爲水好喝，所以最先乾涸。在莊子看來，是直、甘等利用價值給木和井帶來了致命的災難。基於同樣的理解，在第一段引文中，儘管狐豹從棲息、行動到飲食處處小心翼翼、提心弔膽，然而，豐滿和漂亮的毛皮還是使它們不能幸免於難。豐狐文豹就是前車之鑒，人全生和盡天年就必須無用。無用是必要的，但僅有無用又是不夠的。除了有用害生之外，各種貪欲和名利也會傷身損性害生。莊子的結論是，嚮往逍遙自在，必須擺脫名利的羈絆。在上述故事中，考慮到名利與性命的對立關係，莊子放棄了做官，而使他痛下決心的則是「錦衣美食」的「犧牛」。

六、政治哲學——無爲而治

> 夫弓弩畢弋機變之知多，則鳥亂於上矣；鉤餌罔罟罾笱之知
> 多，則魚亂於水矣；削格羅落罝罘之知多，則獸亂於澤矣；知詐漸
> 毒、頡滑堅白、解垢同異之變多，則俗惑於辯矣。故天下每每大亂，
> 罪在於好知。……故上悖日月之明，下爍山川之精，中墮四時之施，
> 惴耎之蟲，肖翹之物，莫不失其性。(《莊子·胠篋》)

　　從因循道的自然無爲和保持天然本性的雙重目的出發，莊子在政治上主
張無爲而治，尤其反對用知去治理國家或統治百姓。上述引文以鳥、魚和獸
等各種動物的存在狀態說明，由於弓箭、垂鉤和網羅等捕獵工具及方法的介
入，鳥亂於上空、魚亂於水中、獸亂於山林。循著這個邏輯，百家之言蜂擁
而來導致是非標準的混亂，最終使天下大亂。這一切禍起知識，直接後果就
是違背自然之情和動物之性。要使百姓自然素樸，必須擯棄知識和有爲而一
切無爲無知、無情無欲。

　　從上可見，莊子的各個哲學領域都有動物的身影，動物在《莊子》中的
出現極其普遍而絕非個別事例。這流露出莊子對動物的喜愛，表明莊子具有
濃鬱的動物情結——至少在表述自己的思想時總愛讓動物「置身其中」、爲人
代言。簡直無法想像，沒有這些動物，莊子的哲學及其哲學表述將是什麼樣
子。至少生機、鮮活和靈氣銳減，變得沉悶、晦澀而枯燥。問題的關鍵是，
這是問題的全部嗎？易言之，動物在《莊子》中除了改變話語方式——怎樣
說或說得怎樣——是鮮活生動還是枯燥乏味之外，還有更深層的意義和作用
嗎？

第二節　動物的喻人、示人和教人

　　既然動物在《莊子》中的出現不是偶然的個別事例而是一種普遍現象，
那麼，以動物爲「主人公」所講的事是動物自己的事還是人的事？換言之，
莊子搬來那麼多動物的目的究竟是什麼？動物在《莊子》中具有什麼意義和
作用？作爲莊子動物情結的一個方面，這些問題牽涉到他對人和動物的本體
界定，只有在道與物的關係中才能找到解說的鑰匙和憑證。

　　莊子宣稱，道是宇宙本原，是道派生了物。在這個意義上，莊子把道稱
爲「物物者」。必須指出的是，與道相對應的物，不僅指動物、植物，而且指

人──人也是道所物之物。對此，《莊子》曰：「凡有貌象聲色者，皆物也，物與物何以相遠！」（《莊子·達生》）這就是說，人與動物都可以歸於物的範疇，並且其間相去不遠。這就是莊子的齊人物──人與動物相齊。

既然人與動物相齊，那麼，出來登場的究竟是人還是動物便顯得不再重要──充其量只是細節問題。因為無論誰登場，人和動物是同時、同樣「在場」的。《莊子》以動物為「主人公」所講述的故事和闡發的事理不僅是在說動物的事，而且在說人自己的事。之所以要請動物「現身說法」或者拿動物說事，是因為當局者迷、旁觀者清。動物出現的意義正是為了使人在旁觀的狀態中冷眼審視、反思自己──在本質上，這與坐在臺下觀看臺上演員的表演以提升自己的認識沒什麼兩樣。這是因為，按照莊子的邏輯，人與動物處於同樣的生存狀態和言說層次。就本體層次而言，物（人和動物）與道相對，屬於同一存在和價值層次，具有相同的意義和地位。這決定了就言說層面而言，無論以人還是以動物為主角，物同理同──二者都是物，面對相同的處境，因循相同的存在模式和生存方式。這表明，動物在莊子哲學中不僅是如何言說──使思想表達生動鮮活、妙筆生花的問題，實質上更是一個表達誰、言說誰──表達內容的問題。具體地說，《莊子》中的動物就言說方式而言，具有形容和比喻之用，其主語或主體可以是人，也可以是物。例如，「昔者齊國鄰邑相望，雞狗之音相聞」形容距離之近，「荃者所以在魚，得魚而忘荃；蹄者所以在兔，得兔而忘蹄；言者所以在意，得意而忘言」（《莊子·外物》）比喻手段與目的等等。

如果說這兩個例子都以動物形容物的話，那麼，《莊子》中以動物形容人的例子比比皆是。具有強烈動物情結的莊子常以動物自喻，《莊子》中不乏這樣的記載：

> 莊周家貧，故往貸粟於監河侯。監河侯曰：「諾。我將得邑金，將貸子三百金，可乎？」莊周忿然作色曰：「周昨來，有中道而呼者，周顧視車轍，中有鮒魚焉。周問之曰：『鮒魚來，子何為者耶？』對曰：『我，東海之波臣也。君豈有斗升之水而活我哉！』周曰：『諾，我且南遊吳越之王，激西江之水而迎子，可乎？』鮒魚忿然作色曰：『吾失我常與，我無所處。我得斗升之水然活耳。君乃言此，曾不如早索我於枯魚之肆。』」（《莊子·外物》）

> 惠子相梁，莊子往見之。或謂惠子曰：「莊子來，欲代子相。」於是惠子恐，搜於國中三日三夜。莊子往見之，曰：「南方有鳥，其

名曰鵷鶵，子知之乎？夫鵷鶵發於南海而飛於北海，非梧桐不止，非練實不食，非醴泉不飲。於是鴟得腐鼠，鵷鶵過之，仰而視之曰：「嚇！今子欲以子之梁國而嚇我邪？」（《莊子‧秋水》）

莊子釣於濮水。楚王使大夫二人往先焉，曰：「願以境內累矣！」莊子持竿不顧，曰：「吾聞楚有神龜，死已三千歲矣。王巾笥而藏之廟堂之上。此龜者，寧其死為留骨而貴乎？寧其生而曳尾於塗中乎？」二大夫曰：「寧生而曳尾塗中。」莊子曰：「往矣！吾將曳尾於塗中。」（《莊子‧秋水》）

或車溝中的鮒魚、或逍遙的鳳凰鳥、或廟堂上的神龜，還有前面提到的犧牛，莊子用來自比的動物不一而足。需要強調指出的是，在這裡，無論是鮒魚、鵷鶵還是神龜，因此，它們的作用都不僅是修辭上的比喻——使表述委婉、形象，而且本身帶有一定的寓意，這些言外之意和弦外之音使它們兼具言說內容和思想內涵。例如，第一個故事中莊子以魚之怒表示自己對監河侯吝嗇虛偽的憤慨，第二個故事在以貓頭鷹諷喻惠施苟且偷生的同時、以鵷鶵比喻自己的鴻鵠之志，第三個故事以神龜為鏡子、標榜自己不為名利害生的人生態度。在言說內容而非言說方式的層次上，《莊子》中的動物具有喻人的作用。

其實，從精神實質和價值取向來說，動物在《莊子》中的意義和作用與其說是喻人，不如說是示人更為恰當。喻有比喻之意，前提是兩種存在由於某些相同或相似之處具有可比性，故而用一個來比喻、形容另一個，以使說明更生動、描寫更形象等。而在莊子這裡，人與動物不是兩類而是一類存在，並且莊子在論述中始終著眼於二者之同而忽視二者之異。基於此，用喻有側重比喻的修辭方法和寫作方式之嫌，並且容易造成人與動物的分離。如果在「告知」、「使……明白」的意義上使用喻，則未嘗不可。與喻不同，示即展示，不僅沒有強調兩種存在的意思，並且有示範之意，比較符合莊子的本意。其實，上面的神龜之喻即是一種示範，正是因為神龜的前車之鑒，莊子才選擇了寧守清貧也不做官。與此類似的是自我炫耀的獼猴：

吳王浮於江，登乎狙之山，眾狙見之，恂然棄而走，逃於深蓁。有一狙焉，委蛇攫搔，見巧乎王。王射之，敏給搏捷矢。王命相者趨射之，狙執死。王顧謂其友顏不疑曰：「之狙也，伐其巧，恃其便以敖予，以至此殛也。戒之哉！嗟乎！無以汝色驕人哉？」顏不疑歸而師董梧，以鋤其色，去樂辭顯，三年而國人稱之。（《莊子‧徐无鬼》）

　　除了喻人和示人之外，《莊子》中的動物還有教人的使命和功能。如果說示人的動物作為反面教材從消極的意義上使人引以為戒的話，那麼，教人的動物則作為正面典範、從積極的意義上給人樹立起學習的榜樣。正因為動物具有喻人、示人和教人之作用和意義，所以，《莊子》往往先講動物如何如何，下面緊接著就是人如何如何，人與動物相互參照、相互映襯。例如，吳王見到的獼猴彷彿是反面教材，對人起警告作用，所以才有吳王和顏不疑的醒悟。這種做法尤其是動物教人——讓人模仿動物使莊子的人生哲學具體化為仿生哲學。

　　人為什麼必須仿生（模仿動物）？莊子從三個方面給予了回答：第一，在對世界演變流程的說明中，莊子透露出這樣的信息：先有動物後有人，動物比人更有優先權——至少與人具有相同的生存權利。這意味著世界的主角不是人而是動物——在濃墨重彩的大段表述中，對人只是輕描淡寫，其存在僅僅歸結為三個字——「馬生人」；在所涉及的各色存在中，人只佔了微不足道的份額，動物卻遠遠大於人的份量。第二，在人與動物的相互轉化中，人由動物變化而來，將來還要演變成非人的模樣。正如生沒有死的時間長、因而死比生更優越一樣，人的動物模樣比人形時間長預示了動物的模樣比人形更是人的本真狀態。這從本體哲學的高度論證了人仿生的必要性和可能性。第三，按照莊子的說法，動物懵懂無知、無情無心，在按其本性生存方面，由於與生俱來的無知無欲，動物比人更有優勢——其存在比人更接近本真狀態——自然素樸、率性天真。在對待天與人的關係上，莊子宣導「無以人滅天，無以故滅命」（《莊子·秋水》），要求人們放棄一切人為而按其本性自在、率真地生存。基於這一理念，莊子對動物羨慕不已，在對待人與動物的態度上，不是讓人訓練動物，而是讓動物教人，主張人傚仿動物的生存習性，向動物學習。

　　人如何仿生？莊子對仿生原因的解釋即暗示：仿生就是以動物為榜樣，像動物那樣地生存和生活。或者說，仿生必須擯棄人的知、情、欲等知識、情感和欲望，廢黜仁義禮節是非等一切人為的桎梏，像動物那樣無知無情無心，完全按照自然本能生存。《後漢書·華佗傳》記載了華佗鍛鍊身體的五禽之戲。所謂五禽之戲，讓人仿照五種動物——一曰虎，二曰鹿，三曰熊，四曰猿，五曰鳥的動作強身健體。顯而易見，在對待動物的態度上，莊子與老子相去甚遠，卻接近華佗。華佗和莊子都有仿生之志，讓人以動物為師，模仿動物的行為。這是兩人的相同之處。如果說有區別的話，那便是：第一，從範圍看，華佗的模仿範圍只限於生理的行為，莊子則從生理到心理乃至生

存方式進行全方位的模仿。第二，從方式看，華佗的模仿以行爲爲主，莊子
的模仿除了行爲，還有人生態度和生命存在。第三，從目的看，華佗的模仿
爲了強壯體魄、遠離疾病，莊子的模仿則爲了擯棄人爲、加強精神修養，強
身健體顯得不再重要。所以，華佗主要是行爲傚仿，莊子除了行爲傚仿之外，
還有精神傚仿。這使莊子的生存方式和人生哲學具體化爲仿生哲學。

　　正是在這一價值取向和生存態度的指引下，與儒家把聖人包裝成道德的
典範不同，莊子把聖人詮釋爲成功的仿生主義者。對此，《莊子》寫道：「夫
聖人，鶉居而鷇食，鳥行而無彰。」（《莊子・天地》）作爲理想人格，聖人是
人學習的榜樣。按照莊子的說法，聖人的榜樣和導師則是動物。換言之，聖
人之所以成爲聖人，就是因爲聖人精通仿生學，從起居、飲食到處世等方方
面面時時刻刻以動物——鶉、鷇和鳥爲榜樣。進而言之，聖人仿生的秘訣是：
衣食住行猶如鳥獸一樣無所用心，順其天性，自然而爲。與此相關，莊子的
至德之世是這樣的：「至德之世，不尚賢，不使能，上如標枝，民如野鹿。端
正而不知以爲義，相愛而不知以爲仁，實而不知以爲忠，當而不知以爲信，
蠢動而相使不以爲賜。」（《莊子・天地》）

　　不難看出，「至德之世」之所以具有「至德」，是因爲那裡的人行爲端正、
相親相愛、誠信眞實；「至德之世」的人之所以道德如此完滿，是因爲他們如野
生的動物一般蠢動而行——無以爲尚、無以爲使，如枯枝一般無心，像野鹿那
樣素樸。莊子認爲，傚仿動物之行是人心地純樸、道德充滿的表現，甚至還是
至德的象徵或世道有德的根基吧！這表明，在莊子看來，動物可以教人、具有
榜樣的作用和意義，人也應該向動物學習而仿生。仿生不僅是人的處世態度和
生存方式，而且是修煉理想人格、臻於道德純粹的不二法門。從這個意義上說，
人是否具有道德、人生境界是否完善，仿生是一項重要的內容和衡量標準。

　　至此，從動物大量湧現到使之承擔起喻人和教人的重責大任，莊子的動
物情結越來越濃鬱，最終導致其人生哲學在某種程度上變成仿生哲學。

第三節　寓言與古代哲學的思維痕跡

　　沒有動物，莊子哲學則是另一番表述和滋味；離開了動物，便不能眞正瞭
解莊子哲學的精髓。對此，人們不禁要問：造成動物在《莊子》中大量湧現的
原因是什麼？莊子以動物喻人、示人和教人的做法說明了什麼問題或本質？

　　動物在《莊子》中的大量湧現體現了道家天人合一的思維方式和價值取向。其實，莊子以動物喻人、示人和教人的做法本身就包含著人與動物物我兩忘、天人合一的思想端倪。然而，這只是問題的一個方面。除此之外，還有一個重要的方面，即寫作體裁和表述方式的原因。《寓言》篇對於《莊子》一書的體例做了如下解釋：「寓言十九，重言十七，巵言日出，和以天倪。」（《莊子·寓言》）這表明，《莊子》的話語方式以寓言爲主。莊子之所以選擇寓言這種言說方式，源於濃鬱的動物情結。

　　進而言之，正如濃鬱的動物情結使莊子採取了寓言的寫作體裁和言說方式一樣，寓言這種特殊的體裁和言說方式不僅以最佳方式宣洩了莊子的動物情結，而且爲動物的大量出現以及成爲「主人」提供了方便。在先秦七子的著作中，《莊子》是唯一的寓言體。與《莊子》不同，《論語》是語錄體，顯然不宜過多地牽涉動物。《孟子》是記載孟子言行的行狀，事蹟的主體當然是孟子和與之交往的君主、弟子等。作爲獨立篇章輯成的論文集，《墨子》、《荀子》和《韓非子》都以議論說理爲主，議論尤其是關於人性、人生或政治倫理方面的主題離動物似乎愈來愈遠。只有《莊子》得天獨厚，寓言有以動物爲主角的方便和優越條件，而大量動物的出現和運用反過來又使書中的寓言和故事妙趣橫生、豐富多彩，理論說明深入淺出、寓教於樂。這一點通過《老子》與《莊子》的對比則看得更加明顯。老子與莊子同爲道家、都有天人合一的觀念，老子也有以動物比喻人的做法，如「魚不可脫於淵，國有利器，不可示人」（《老子·第 36 章》），並被《莊子·胠篋》所引用。儘管如此，《老子》中卻始終沒有出現大量的動物。究其原因，無非是體裁的限制。老子的《道德經》以詩歌的形式寫成，作爲濃縮的哲理詩，不可能每每拿動物說事或多處讓動物唱主角。老子的這種「不便」在以寓言爲主的《莊子》那裡蕩然無存，於是乎動物大行其道、遍地開花。

　　至此，可以肯定，是寓言這種特殊的體裁爲動物在《莊子》中的頻頻出現大開方便之門。那麼，進而言之，莊子爲什麼選定能讓動物成爲主角的寓言爲體裁或言說方式呢？這個問題只有通過對莊子的動物情結的剖析才能找到答案和說明。如果說是對動物的喜愛和濃鬱的動物情結使莊子選擇了寓言這一寫作體裁和言說方式、極大地增加了動物「露臉」的機會的話，那麼，莊子對動物的本體界說則使動物在地位和價值上與人相提並論、平起平坐，從而具有喻人、示人甚至教人的作用和效果。

　　莊子的動物情結以及寓言的言說方式反映了人類童年時期自我意識的幼稚和薄弱，帶有鮮明的古代哲學的思維特徵。正如自我意識尚未充分發達的兒童喜歡童話故事、不能把自己與外界完全分開一樣，處於幼年時代的人類無法完全把自己從自然界中剝離出來，致使其思想和哲學中總是浮現動物乃至萬物的影子，以至於無法把人與動物分開。其中的一種情況是把人說成動物，這方面最典型的例子是原始人的圖騰崇拜。人類學家藍德曼的研究顯示：「最初的圖騰崇拜也起源於關於人與動物的關係的一種原始情感。許多土著部落相信，他們與每一種特殊的動物有著特別親密的關係。在這種部落所敬重的圖騰動物中，部落及其祖先看到了源源不斷的力量的有效源泉。這個部落的單個成員傾向於與這種動物認同。」〔註1〕在這種思維方式中，人就是那種動物，動物就是人本身。二者間別無二致，是完全的同一。他記載了這樣一個事實：

　　　　一個從事實地考察的人類學家報告了他與一個土著人的談話。這個土著人所屬的家族把水獺看作他們的圖騰動物。一隻水獺恰巧在橫渡附近的一條小河。這個土人說：「瞧！我正在游渡這條河，游得多優美啊！」對於所有的異議，比如，說他只不過認為這種動物是保護他的精靈，只不過認為有一條特殊的力量之流把他與這種動物聯繫起來等等，這個土人都不同意，他一味堅持說他自己實際上就是這隻水獺。〔註2〕

　　另一種情形是把動物說成人。在萬物之中，由於動物是活物，會走動，有語言（鳴叫），歷來被人視為最親密的朋友，乃至被中國古代哲學家說成是有知有智乃至有道德的存在（荀子宣稱動物有氣有生且有知和宋明理學家斷言動物有仁義禮智等道德觀念均屬此類）。中西哲學的發軔史共同證明，早期哲學總是與宗教、神話或童話相伴而生。原始宗教發端於某種動物崇拜（圖騰）。在童話、神話或寓言中，動物會說話，甚至擁有與人一樣的語言或生活。其中，最能反映古代哲學思維特色的便是原始宗教或神話傳說中的人獸同體或人獸互變。莊子具有這種思想端倪，《莊子》描繪的宇宙變化過程大部分內容就是人與動物的相互轉化：

　　　　種有幾（微妙——引者注），得水則為䕐，得水土之際則為蛙

〔註1〕藍德曼：《哲學人類學》上海譯文出版社，1998年版，第13頁。
〔註2〕藍德曼：《哲學人類學》上海譯文出版社，1998年版，第13頁。

　　蠵之衣，……烏足之根爲蠐螬，其葉爲胡蝶。胡蝶胥也化而爲蟲，
生於竈下，其狀若脫，其名爲鴝掇。鴝掇千日爲鳥，其名爲乾餘骨。
乾餘骨之沫爲斯彌，斯彌爲食醯。頤輅生乎食醯，黃軦生乎九猷。
瞀芮生乎腐蠸，羊奚比乎不箰，久竹生青寧，青寧生程，程生馬，
馬生人，人又反入於機。（《莊子·至樂》）

　　這就是說，道是一個變化過程。在道的無限變化中，不僅有非生物向生物的演變、植物向動物的演變和動物之間的相互轉化，而且有動物向人的演變。值得注意的是，這裡所講的動物變成人不是進化論所講的進化，而是周而復始的循環，即人與動物永無休止的相互轉化。更有甚者，爲了突出人與動物的相互轉化，莊子不惜現身說法：「昔者莊周夢爲胡蝶，栩栩然胡蝶也。自喻適志與！不知周也。俄然覺，則蘧蘧然周也。不知周之夢爲胡蝶與？胡蝶之夢爲周與？周與胡蝶則必有分矣。此之謂物化。」（《莊子·齊物論》）在此，蝴蝶與莊周的關係表面上看是夢與醒的問題——夢中明白、感到自己是蝴蝶，清醒時反而糊塗了、不知是蝴蝶變成了莊周還是莊周變爲了蝴蝶；其實這就是人的生命的真相——莊周與蝴蝶都處在無限的變化鏈條之中，本來就是相互轉化的。

　　可以作爲佐證的還有，面對自己身體的詭異變化，子輿不以自己半人半獸的相貌爲恥爲懼，而是說「浸假而化予之左臂以爲雞，予因以求時夜；浸假而化予之右臂以爲彈，予因以求鴞炙；浸假而化予之尻以爲輪，以神爲馬，予因以乘之，豈更駕哉！」（《莊子·大宗師》）無獨有偶，子梨看見自己的知音——子來病情嚴重，不是如子來的家人那般哭泣，而是如此勸慰：「偉哉造化！又將奚以汝爲？將奚以汝適？以汝爲鼠肝乎？以汝爲蟲臂乎？」（《莊子·大宗師》）這些在常人聽來荒誕不經的話語和反常舉動傳遞出人與動物的相互轉化的思想信息。

　　在古代西方，有利用動物進行表達的傳統，最典型的是象喻手法。所謂象喻，就是用自然現象或動物的動作比喻人的動作，以達到形象說明和生動描述的目的。象喻傳統在西方源遠流長，尤其是荷馬史詩的藝術特色之一。著名的《伊利亞特》和《奧德修記》常用一長串動物動作或自然現象的描寫來比喻人的動作，以使表達鮮明、生動和豐富。例如，《奧德修記》寫道：「潘奈洛斯佩聽見流起淚來，淚水沾濕了臉，就像西風吹下的雪，在東風解凍時，在山巔融解，融雪使得江河滿溢。正是這樣，她流下眼淚，沾濕了美好的容

顏。」在這裡，以冰雪的融化使江河滿溢比喻潘奈洛斯佩流淚，形容眼淚流得特別多，意指她淚如雨下，悲痛欲絕。荷馬式漫長的象喻產生於人類的童年時代，是人類童年的單純天眞和稚氣未脫在思想領域的集中體現。不僅如此，象喻手法對歐美後世文學影響很大，尤其在歐美象徵主義詩歌那裡得以繼承發展。這從一個側面表明，無論是東方人還是西方人、無論是古代人還是現代人，都與動物具有天然的親近感，都有某種程度的動物情結。

　　西方的象喻與《莊子》的寓言體裁具有異曲同工之妙，都鑴刻著人類童年的思維痕跡。一方面，《莊子》對動物的運用在言說方式的層次上與西方的象喻手法極其類似。另一方面，由於哲學的地域性和民族性差異，兩者的不同是顯而易見的：在象喻的視界中，人自人，物自物，二者的關係是「……像……」，動物只能做定語或狀語起形容、烘托等描述作用，人才是唯一的主語或主體；在莊子的視界中，人是物（都源於「物物者」），物是人（物可能變爲人，人也可能變成物），二者的關係是「……是……」，動物和人都可以是主語或主體。換言之，如果說動物在西方的象喻中始終圍於怎樣表達的話，那麼，以動物爲主角的寓言在莊子這裡除了怎樣表達之外，更多的是表達什麼的問題。前者是表達方式或形式，後者兼具言說內容或實質。《莊子》中的動物除了具有形容和比喻等修飾作用之外，還有示人、教人等更爲深刻的思想內涵和寓意。這種同是童年時代自我意識模糊的不同表現，歸根結底源於不同的思維方式和價值取向。換言之，古代西方天人二分的思維模式和價值取向時刻把握著動物親近感的分寸，崇尚天人合一的中國文化——尤其是莊子代表的道家則在物我兩忘中忘掉物我之分。

　　綜上所述，在理論上，莊子的動物情結具有不同的表現和邏輯層面：就表層的言說方式而論，表現爲以動物爲主的寓言體裁；就深層的思想實質而論，表現爲以動物喻人、示人和教人，宣導以動物爲師的仿生。在效果上，莊子以寓言爲主的言說方式使他的哲學表述文采飛揚、妙趣橫生；莊子讓人倣仿動物的生存哲學和人生態度對於調節人與人之間關係的緊張和追求人的本眞狀態以消除進化中的異化現象具有警世作用。毋庸諱言，莊子仿生哲學中所追求的完全拋棄知識、技術、情感、欲望乃至道德是非使人動物化的做法是難以想像的。

第九章　莊子的語言哲學

　　「言無言」語出《莊子・寓言》篇，是莊子語言哲學的基本命題，集中體現了莊子對待語言的基本態度。基於對宇宙本原——道和人的生命本質的獨特理解，莊子對語言的詮釋頗具道家神韻。通過言與道、言與知、言與德和言與行等不同維度，莊子在本體哲學、認識哲學、道德哲學和人生哲學等諸多領域，從不同層面和角度全方位地透視了語言問題，而貫穿始終的主線則是那句「言無言」。

第一節　言與道

　　作為道家的主要代表，莊子對道推崇備至，奉道為宇宙本原。這使言與道的關係成為他的語言哲學無法迴避的首要問題。不僅如此，在某種程度上可以說，對這一問題的解答直接決定並影響著莊子對語言本質和功能的判斷。總的說來，關於宇宙之道與語言是否具有同一性，莊子的基本觀點是：沒有恰當的語言去稱謂道；道不能通過語言去描述或介紹；道不能通過語言的交流去獲得或相互傳授。

一、「道不當名」

　　對於作為宇宙本原的道，莊子一面極力確信它的存在，一面斷然否認道有形象、聲音等感性特徵。於是，他一而再、再而三地聲明：

> 夫道有情有信，無為無形。（《莊子・大宗師》）

> 視之無形，聽之無聲。（《莊子・知北遊》）

> 道不可聞，聞而非也；道不可見，見而非也。（《莊子‧大宗師》）

這就是說，道是一種無形無聲的存在，沒有任何形象、聲音等外部屬性；道的這種無形無聲的存在狀態決定了人不能憑藉聞見等手段而得道。正因為如此，莊子一再告誡人們說，對於道，一定要擯棄耳目等感官；一旦運用耳目去聞道、視道，所聽到、見到的就不再是道了。對道的這一判斷奠定了莊子語言哲學的理論視域和邏輯前提。事實上，莊子對語言的種種界定都可以在這裡找到思想端倪。

莊子肯定「道不當名」，在凸顯道超驗、絕象之特徵的同時，在道與人的感官之間劃定了一條不可逾越的鴻溝。一言以蔽之，在莊子看來，道本身就排斥語言（名、稱謂）。具體地說，道的無形、無聲和無為注定了道的無名，即「道不當名」。這用他本人的話說便是：「知形形之不形乎！道不當名。」（《莊子‧知北遊》）循著這個思路，既然道不能用任何概念、名稱來指謂，用任何名詞、概念來稱謂道都不恰當，那麼，語言（名）便不能進入道的領地。

二、「道不可言」

名稱、概念是語言的精華和基本單位。從這個意義上說，莊子肯定道「不可當名」，便暗示乃至注定了道的不可言說。事實正是如此，莊子斷言：「道不可言，言而非也！」（《莊子‧知北遊》）因為道只有存在而沒有屬性，所以，人們永遠也無法用語言去描述、界定或接近道。對此，莊子不止一次地斷言：

> 夫大道不稱，大辯不言。（《莊子‧齊物論》）

> 道昭而不道，言辯而不及。（《莊子‧齊物論》）

值得注意的是，在這裡，莊子不是認為語言不能對道進行言說和表達，而是強調語言不能正確地言說和表達道。事實上，正因為語言可以表達道，所以，才有人一直在試圖通過語言去表達和接近道，所以才有莊子一而再、再而三的勸阻和告誡；正因為語言不能正確地表達和言說道，所以莊子才對憑藉語言表達和認識道的做法深惡痛絕。這表明，莊子認為，通過語言所認識和把握的道不是道的本身。更有甚者，語言掩蓋了道的真相，對認識道形成破壞。正是在這個意義上，莊子宣稱：「道惡乎隱而有真偽？言惡乎隱而有是非？道惡乎往而不存？言惡乎存而不可？道隱於小成，言隱於榮華。」（《莊子‧齊物論》）按照這種說法，榮華、浮誇、誇大其詞或浮於表面使語言不能超越是非的狹隘和偏激，從而遮蔽了語言的本性。如果用這種帶有是非觀念

的語言去描述道，便會使道的全面性和統一性遭到遮蔽乃至扼殺。同時，語言的主觀性又使道失眞。如此說來，既然語言妨礙道的顯現和本眞，那麼，爲了體道，只有拋棄語言。於是，莊子告誡人們：「彼至則不論，論則不至；明見無值，辯不若默；道不可聞，聞不若塞：此之謂大得。」（《莊子・知北遊》）循著這個邏輯，既然道不可言，既然道不可道之道的後果勢必造成對道的破壞，那麼，人最明智的態度和選擇只能是對道不聞不問、保持緘默。

三、「道不可聞」

語言是交流的媒介和工具，完全拋開語言的交流是不可想像的。從這個意義上說，道的「不當名」和「不可言」注定了道的不可交流或不可傳遞。莊子推論說：「使道而可獻，則人莫不獻之於其君；使道而可進，則人莫不進之於其親；使道而可以告人，則人莫不告其兄弟；使道而可以與人，則人莫不與其子孫。」（《莊子・天運》）君是人之最尊者，父母、兄弟和子孫是人之至親者。如果道可以晉獻、傳遞、口授或贈與的話，那麼，人最先會想到自己之至尊和至親，使他們成爲道的受惠者。人無法與其尊或其親分享道的事實反過來證明了道是不可交流的。

在莊子那裡，與對道的不聞不問、不言不辯一樣，道的不可獻、不可進、不可告和不可與歸根結底都是由於超越言象決定的，也意味著道只有通過心領神會的內心體驗和直覺參悟才能獲得。這用莊子本人的話說便是：「然而不可（指不可獻、不可進、不可告和不可與——引者注）者，無佗也，中無主而不止，外無正而不行。」（《莊子・天運》）

在此，莊子的本意是說，如果自己內心沒有主意，外界的影響（講道者的傳授）與我心中的主意不相符則無法產生共鳴，故而道無法留在心上；沒有純正的品質，與道德格格不入，即使想推行道（爲他人講道），也無法使外界接受。如此看來，得道的途徑不是靠經驗而是靠內省，主要辦法是滌蕩外物干擾，提高內在修養，以保持內心的恬淡寂漠。如果不注重內在修養而捨本逐末的話，那麼，即使是他人對道有所獻、有所進、有所告或有所與，自己也無法體悟道。正是基於這種認識，莊子一再強調：

> 可傳而不可受，可得而不可見（指道可以傳授、領會卻不能手授、目見——引者注）。（《莊子・大宗師》）

> 於人之論者，謂之冥冥，所以論道而非道也。（《莊子・知北遊》）

上述引文表明，莊子否認憑藉語言交流或口授、手授得道的可能性，故而一再告訴人們道不可言說或相互交流。如此說來，給他人講道再糊塗不過了，爲他人講道本身就證明講道者對道一無所知。原因在於，道不可命名，不可言說，所言說或對他人講授的已經不是道了。

需要說明的是，莊子並不否認得道的可能性，只不過是對於得道途徑的選擇有些特別而已──擯棄了耳聞目見等感性認識和語言交流等手段，而單憑心領神會意致。長期以來，莊子一直被認爲是先秦乃至中國哲學不可知論的典型代表。上述內容顯示，莊子明確表示道「可傳」、「可得」，是可知的。正因爲道可以被認識，人才有了體道的必要和得道的可能；如果道不可傳、不可得，道與人便永遠分屬於兩個互不交涉的世界，道對人而言也就失去了意義和存在的價值。中國古代哲學以安身立命爲旨歸，往往習慣於在形而上的世界萬物的本原中爲人尋找安身立命之所和情感信仰之寄，這一做法的先決條件就是承認宇宙本原與人的認識之間具有同一性，而人的存在與宇宙萬物的存在原本就是合一的。就莊子哲學而言，道分爲天道與人道兩個方面，二者既相區別，一主一從；又相聯繫，人道因循天道，天道必然在人道乃至人身上有所體現；爲了使人道符合天道，人必須先瞭解和認識道。這一切的前提便是承認道是可知的。進而言之，道可以被認識，是否就意味著道可以甚至就是通過語言被認識的？其實，在對道的存在狀態和得道方法的問題上，莊子始終不否認道可知，卻堅決排除人憑藉耳目等感官或運用語言認識道的可能性。

總之，在言與道的關係層面，莊子是從宇宙本原──道的存在狀態和本性展開論證的。這一視角不僅使他的語言哲學具有了高屋建瓴的高度和氣勢，而且擁有了形而上的深邃內涵和厚重神韻。然而，從「道不當名」到「道不可言」再到「道不可聞」，無論是對於道的命名、言說還是道的交流、傳授，莊子始終杜絕語言對道的介入。這表明，在本體哲學領域，莊子對語言完全持否定態度，基本上全盤否認語言對於得道的積極意義。

第二節　言與知

認識世界、描述事物需要借助語言的說明，這使語言與知識、語言與人的智力的關係成爲語言哲學歷久彌新的話題。在認識哲學領域，莊子對語言

的作用和價值給予了一定程度的肯定：第一，承認語言具有表達意義的功能。莊子指出：「夫言非吹也，言者有言。」（《莊子‧齊物論》）這就是說，語言承載著一定的意義，並非完全空洞而無任何意義的符號。因此，人類說話與自然界的吹風不同，總要表達一定的情感，傳遞一定的信息。可見，莊子對語言的表意功能給予了一定程度的認可，實際上是肯定了語言符號的意義和價值。第二，確信語言是認識的工具和手段。莊子指出：「荃者所以在魚，得魚而忘荃；蹄者所以在兔，得兔而忘蹄；言者所以在意，得意而忘言。」（《莊子‧外物》）在這裡，莊子雖然對「忘言」心馳神往，但是，他並沒有完全否認語言的作用，而是肯定意義的獲得——「得意」必須通過言這一中介或手段；正像捕魚、獵兔必須依靠荃、蹄等工具的幫助一樣，言對於意的獲得是不可或缺的。這就是說，只有先「言」才能「忘言」，這使「言」成為「得意」或「忘言」不可逾越的環節和階段。

　　儘管如此，在言與知的關係層面，莊子對語言的認知能力進行了保留：不僅極力誇大語言自身的缺憾，而且完全否認語言具有把握物之精的能力，甚至主張放棄語言。

一、語言的有效界域

　　按照莊子的一貫說法，對於「不期精粗」之道來說，語言永遠都無法企及。這是莊子的本體哲學所探討的問題。莊子關於言與道的關係的表述已經充分闡明了這一點。接下來的問題是，既然語言對於道無能為力，那麼，如果肯定語言的作用和功能的話，那就只能為語言在具體事物中尋找用武之地了。莊子對語言作用的肯定正是在這個前提下進行的。那麼，在認知領域中，語言對於具體事物又有何作為呢？莊子承認語言對於具體事物具有認識作用，同時指出語言的作用是有限的。為了更好地說明語言的能與不能，莊子明言劃定了語言的權界。這用他本人的話說便是：「可以言論者，物之粗也；可以意致者，物之精也；言之所不能論，意之所不能察致者，不期精粗焉。」（《莊子‧秋水》）

　　不難看出，按照莊子的劃分，語言只能表達物之粗——事物的外在屬性，如形與色、聲與名等；而物之精——事物的內在本質和本體則是不可言傳的。如此說來，語言表述的只是事物之表——物之粗，而非事物之道——精華。

　　分析至此，結合語言在本體與認知兩個領域的綜合表現，可以將莊子對

語言作用的界定概括如下：語言不能認識和觸及道，這具體包括宇宙大道和事物之虛──本體兩個部分；語言認識和表述的只限於事物的外表，也就是莊子所講的「物之粗」。《莊子》中的一則故事形象地說明了這個道理：

> 桓公讀書於堂上，輪扁斲輪於堂下，釋椎鑿而上，問桓公曰：「敢問：公之所讀者，何言邪？」公曰：「聖人之言也。」曰：「聖人在乎？」公曰：「已死矣。」曰：「然則君之所讀者，古人之糟魄已夫！」桓公曰：「寡人讀書，輪人安得議乎！有說則可，無說則死！」輪扁曰：「臣也以臣之事觀之。斲輪，徐則甘而不固，疾則苦而不入，不徐不疾，得之於手而應於心，口不能言，有數存乎其間。臣不能以喻臣之子，臣之子亦不能受之於臣，是以行年七十而老斲輪。古之人與其不可傳也死矣，然則君之所讀者，古人之糟魄已夫！」（《莊子‧天道》）

這則故事形象地表達了莊子對語言能力的劃界和認定，那就是：語言只能表達物之粗──表面現象，而不能觸及物之虛──道。因此，輪扁儘管能夠發現榫頭寬則鬆滑而不牢固，緊則澀滯而安不進去的現象，並且將這種得之於手的經驗應之於心，達到出神入化的境界，進而成為一名能工巧匠；當然，輪扁也可以將自己的心得毫無保留地傳授給傳承自己職業的兒子。然而，這終將成為輪扁的獨門手藝，而無法與兒子分享。問題的癥結在於，輪扁使榫頭鬆緊適宜之技是一種出神入化的道的境界，縱然他自己心中有數也是枉然，因為道是無法通過語言加以傳授的，輪扁也不例外。因此，輪扁不能將道口授給他人──即使是自己的親生兒子！據悉，他本人得道也是「得之於手而應於心」的心領神會，而非他人傳授的。「有數存乎其間」卻「口不能言」以至於「行年七十」還親自斲輪的悲哀，便是輪扁「口不能言」的「難言之隱」。

試想，通過面對面的直接的語言交流和父子之間手把手的親身傳授尚且如此，離開具體情境的書面語言又將奈何！循著這個邏輯，輪扁對書的看法和對桓公讀書的議論是必然的。對此，《莊子》解釋說：「世之所貴道者，書也。書不過語，語有貴也。語之所貴者，意也，意有所隨（言外之意──引者注）。意之所隨者，不可以言傳也，而世因貴言傳書。世雖貴之，我猶不足貴也，為其貴非其貴也。故視而可見者，形與色也；聽而可聞者，名與聲也。悲夫！世人以形色名聲為足以得彼之情。夫形色名聲，果不足以得彼之情，則知者不言，言者不知，而世豈識之哉！」（《莊子‧天道》）這就是說，書是

語言記載而成的，書中的語言成爲其內容的載體。語言的可貴之處在於傳達意義、負載內容。問題的關鍵是，語言傳載的信息和內容離不開具體的語境，並且往往帶有弦外之音、言外之意。離開了言語者的具體情境，便無法理解言語者的意圖和內容，而言說者所要傳達的弦外之音、言外之意更是當事人之外的其他人無法洞察的。這是語言所無法逃遁的宿命。更有甚者，書是由語言記載而成的，由於語言無法克服的只能言物之粗的缺陷，尤其是當書的作者已經作古時，書則作爲遺「跡」，徒留粗淺之形跡而已。基於這種狀況，莊子得出了如下結論：「夫六經，先王之陳跡也，豈其所以跡哉！今子之所言，猶跡也。夫跡，履之所出，而跡豈履哉！」（《莊子‧天運》）任何語言都有當時的環境和背景，脫離了這些具體情境，語言的眞實意義便會消失殆盡。這樣的語言徒有外殼，而沒有了精華和內容。這正如足跡是鞋子踩出來的，而鞋子留下的腳印並不代表鞋子本身一樣——當人們把目光投向鞋子留下的足跡時，鞋子已經跟隨它的主人之腳（變化之道）遊於他方了。如果按照這種方式尋找的話，那麼，你看到的充其量只能是鞋子留下的陳跡而已，至於留下鞋印的鞋子——尤其是藏在鞋子中踩出鞋印的那雙腳，永遠都不可能被找到或被看到。

二、語言的不確定性和片面性

　　莊子斷言，對於語言來說，「其所言者特未定也」（《莊子‧齊物論》）。這就是說，語言沒有確定性：第一，語言的主體是不確定的，人與我、彼與此是相對的。第二，語言的內容是不確定的，隨著所要表達的事物的不同而有所不同。這樣一來，由於人我各有自己的是非觀念，由於事物帶有可與不可、然與不然的兩面性，最終導致語言的片面性。《莊子》有言：「有自（由、緣故——引者注）也而可，有自也而不可；有自也而然，有自也而不然。惡乎然？然於然；惡乎不然？不然於不然。惡乎可？可於可。惡乎不可？不可於不可。物固有所然，物固有所可。無物不然，無物不可。非巵言日出，和以天倪，孰得其久！萬物皆種也，以不同形相禪，始卒若環，莫得其倫，是謂天均。」（《莊子‧寓言》）由此，莊子預見，如果運用這種帶有偏見和片面性的語言認識事物，進行交流的話，勢必使人陷入困境。他宣稱：「大知閒閒，小知間間。大言炎炎，小言詹詹。其寐也魂交，其覺也形開。與接爲構，日以心鬥。」（《莊子‧齊物論》）語言本身是有缺陷的，如果運用不好的話，不僅使人在無休止的辯論中喪失眞我和本性，而且使人固執己見，偏於一隅。

爲了引導人們走出語言的誤區，《莊子》講述了這樣一則故事：

> 少知曰：「季眞之莫爲，接子之或使。二家之議，孰正於其情，孰偏於其理？」太公調曰：「雞鳴狗吠，是人之所知。雖有大知，不能以言讀其所自化，又不能以意其所將爲。斯而析之，精至於無倫，大至於不可圍。或之使，莫之爲，未免於物而終以爲過。或使則實，莫爲則虛。有名有實，是物之居；無名無實，在物之虛。可言可意，言而愈疏。未生不可忌，已死不可阻。死生非遠也，理不可睹。或之使，莫之爲，疑之所假。吾觀之本，其往無窮；吾求之末，其來無止。無窮無止，言之無也，與物同理。或使莫爲，言之本也，與物終始。道不可有，有不可無。道之爲名，所假而行。或使莫爲，在物一曲，夫胡爲於大方！言而足，則終日言而盡道；言而不足，則終日言而盡物。道，物之極，言默不足以載。非言非默，議有所極。」（《莊子·則陽》）

借助這則故事，莊子旨在強調，表面看來，季眞主張無爲（莫爲），接子主張有爲（或使），一虛一實，截然對立。其實不然。即使是對於雞鳴狗叫之類的極爲簡單的事情，有智慧的人也不知道其中所表達的自然變化的奧妙，更不能憑此推測雞所以鳴、狗所以叫想要幹的事情。這是因爲，對於各種事物分析起來既無比精微，又大到無可限量。無論無爲還是有爲的主張都不免受物的侷限而成爲過當之言。例如，死生是身邊常見的事，離人並不遠；而生死之理卻渺不可見，鮮有能洞悟者。季眞的無爲或接子的有爲都侷限於事物的現象或一端，這正是爭端的由來。

更爲重要的是，「通天下一氣耳。」（《莊子·知北遊》）整個世界的存在是一個無限變化的過程，無論在時間上還是在空間上都是無限的。所以，任何語言表達出來的認識都是片面的一管之見或「一面之詞」，而不可能概括事物的全貌。這就是說，是語言使世界變得支離破碎，最終掩蓋了事物的眞實情況。換言之，在語言的參與下，人不是越來越接近世界的本質和眞相，而是離世界越來越遠——語言不啻爲橫亘於人與世界之間的一堵密不透風的牆。

三、不知不言

在莊子的視界中，由於限於物之粗——只能描述事物的外形和聲音，語言只能囿於感性認識之內，永遠也不能超出感性認識所給予的範圍。對此，

莊子不止一次地指出：

> 言休乎知之所不知。（《莊子·徐无鬼》）

> 知之所不能知者，辯不能舉也。（《莊子·徐无鬼》）

　　人的智力無法企及的，就不能用語言去表達；否則，所說的將是妄言狂語或胡言亂語。這樣一來，莊子便把語言明確地界定在了知性的範圍之內，並且不允許語言介入事物之虛或宇宙之道。他指出：「夫知遇而不知所不遇，能能而不能所不能。無知無能者，固人之所不免也。夫務免乎人之所不免者，豈不亦悲哉！至言去言，至爲去爲。」（《莊子·知北遊》）

　　按照莊子的說法，既然人只知道自己所見過的，而不知道自己所未見的，那麼，人難免有不知之事；既然人能力所及的就能，能力所不及的就不能，那麼，人難免有不能之處。如果人總想不知的也要知，不能的也要能，那就太可悲了——不惟於事無補，反而貽害無窮。所以，合乎道的言說是不言，合乎道的行爲是不爲。莊子反覆斷言：

> 言之所盡，知之所至，極物而已。睹道之人，不隨其所廢（追尋大道之止——引者注），不原其所起（追溯其開端——引者注），此議之所止。（《莊子·則陽》）

> 夫知者不言，言者不知。（《莊子·知北遊》）

　　至此，循著不同的思路，莊子的認識哲學與本體哲學殊途同歸，最終走向了同一個結論，那就是：「去言」和不言。

第三節　言與德

　　莊子指出，人的言談能力與道德修養之間沒有必然聯繫，二者並不成正比。因此，侃侃而談、談吐幽雅並不能成爲判斷一個人智賢與否的標準。正是在這個意義上，他寫道：「狗不以善吠爲良，人不以善言爲賢。」（《莊子·徐无鬼》）這就是說，健談不僅不是博學的表徵，相反，喋喋不休、巧舌如簧恰恰暴露了人內心的淺薄和不懂天道。對此，莊子解釋說：「天地有大美而不言，四時有明法而不議，萬物有成理而不說。聖人者，原天地之美而達萬物之理。」（《莊子·知北遊》）道與天地都品德飽滿、有所成就，卻從不言說，「原天地之美而達萬物之理」的聖人便對道不加言說、議論或評價。這表明，不言、不說和不議本身不僅不是無知的表現，反而是有知，表現出一種基於

宇宙之道的大智慧。

在莊子那裡，說的都是表面的、細枝末節的，不管你說的具體內容是什麼，說本身就代表著一種膚淺和無知；相反，不言、不議和不說則直指根本，立意和角度本身就意味著得道的從容自得和擯棄淺陋的胸懷若谷。不言是一種基於得道、智慧的涵養和心態。因此，它是一種道德修養，標誌著得道的、常人沒有達到的精神層次和道德境界。爲了說明這個道理，《莊子》講述了這樣一個故事：

> 知北遊於玄水之上，登隱弅之丘，而適遭無爲謂焉。知謂無爲謂曰：「予欲有問乎若：何思何慮則知道？何處何服則安道？何從何道則得道？」三問而無爲謂不答也。非不答，不知答也。知不得問，反於白水之南，登狐闋之上，而睹狂屈焉。知以之言也問乎狂屈。狂屈曰：「唉！予知之，將語若。」中欲言而忘其所欲言。知不得問，反於帝宮，見黃帝而問焉。黃帝曰：「無思無慮始知道，無處無服始安道，無從無道始得道。」知問黃帝曰：「我與若知之，彼與彼不知也，其孰是邪？」黃帝曰：「彼無爲謂眞是也，狂屈似之，我與汝終不近也。夫知者不言，言者不知，故聖人行不言之教。道不可致，德不可至。仁可爲也，義可虧也，禮相僞也。故曰：『失道而后德，失德而後仁，失仁而後義，失義而後禮。』禮者，道之華而亂之首也。故曰：『爲道者日損，損之又損之，以至於無爲。無爲而無不爲也。』……」知謂黃帝曰：「吾問無爲謂，無爲謂不應我，非不我應，不知應我也；吾問狂屈，狂屈中欲告我而不我告，非不我告，中欲告而忘之也；今予問乎若，若知之，奚故不近？」黃帝曰：「彼其眞是也，以其不知也；此其似之也，以其忘之也；予與若終不近也，以其知之也。」狂屈聞之，以黃帝爲知言？（《莊子·知北遊》）

在這個故事中，面對知「何思何慮則知道？何處何服則安道？何從何道則得道？」的發問，三個被請教對象的反應各不相同：無爲謂不答，狂屈想回答卻忘了欲說的話，黃帝不僅逐一回答了如何知道、安道和得道「三問」，而且還從道的本質和仁義對道的戕害等方面旁引博證說明了爲什麼如此。按照世俗的觀點，三人之中，黃帝最知，狂屈次之，無爲謂無知。莊子則給出了另一番答案：無爲謂「眞是」，表現出來的是一種眞正知的狀態。這是因爲，他不是不回答，而是「不知答」，不認爲需要用語言來回答知的三個發問——

因為用語言或與人交流的方法來得道本身就是錯誤的。狂屈近乎知道，因為他雖然曾經想回答，但是，由於達到了「忘言」的道德境界和精神狀態，最終還是因為「忘其所欲言」而使知「不得問」。黃帝包括知本人則離道甚遠——一個因為予以回答，一個因為對知道、安道和得道問題向他人發問。在這裡，不難看出，回答的具體內容——說了什麼或怎麼去說並不重要，關鍵是對待語言的態度——是無言還是欲言，是欲言還是忘言。當然，莊子最終還是心儀不言，次之忘言，反對欲言或放言。這表明，在道德哲學領域，莊子對語言的理解與本體哲學、認識哲學在「無言」這個關節點上會合了。

第四節　言與行

　　莊子一面聲稱「道不可言」，一面肯定物（之粗）可言；儘管得道之人由於洞徹了道和言的真諦可以達到「無言」、「忘言」的精神境界，然而，尚未得道的一般人卻未免有言。這使語言和言語成為人們日常生活中無法迴避至少難以杜絕的現象。況且，為了「群於人」的交往，言對於世俗之人在所難免。為了解決這個矛盾，使人在日常生活和實際行動中既能有效地運用語言這一交流工具又對無言、不言之原則無傷大礙，莊子向人們建議，如果不得已而言的話，那麼，言的原則和方法如下：

　　　　其口雖言，其心未嘗言。（《莊子·則陽》）

　　　　言無言：終身言，未嘗言；終身不言，未嘗不言。（《莊子·寓言》）

　　循著這個思路，在與人交往和日常行為中，儘管是在運用語言進行言說，卻無所用心——不去思考應該說什麼，不說什麼；對別人所言不知所云，甚至不知道自己在說什麼。在這口言而心不言的「言說」行為中，既然口在說而心未嘗介入其中、不知所云，那麼，所言便是虛無的，沒有任何內容。這樣一來，儘管有言語的形式——口在說，卻無言說的內容——「心未嘗言」，自己或他人自然也就不知道說了些什麼。既然語言或言語是表達意義的，那麼，沒有意義的語言或言語即使說了也等於沒說，這便是「終身言，未嘗言；終身不言，未嘗不言」的真正含義。

　　在莊子看來，這樣的沒有表達任何內容和意義的言語完全符合天道，無異於天籟之音。莊子斷言：「果有言邪？其未嘗有言邪？其以為異於鷇音，亦

有辯乎？其無辯乎？」(《莊子‧齊物論》)當人說話與初生的小鳥鳴叫一樣時，不僅人言與鳥語無異，而且完全沒有了自己主觀的人為；這樣的語言和言語完全出於本性和本能，於是與天道合一，從而完全符合了天道。這種完全擯棄了主觀內容，只有言語之音而無言語之意的言說如同天籟，皆歸於自然。如果說地籟是山林、樹木之眾竅，人籟是比竹笙竽、黃鍾大呂的話，那麼，使萬竅「咸其自取」而發出不同聲音的則是天籟。如果任由口言而心不隨之而言的話，人之言與天籟何異？

上述內容顯示，在言與行的關係層面，莊子不再像在本體哲學和道德哲學領域那樣一味地讓人「無言」、「忘言」，而是允許「口言」，給了人們言說、表白、交流的權利和自由。儘管如此，由於追求「言無言」，他實際上是抽掉了言說的具體內容和真實意義。如果真的能夠達到「言無言」的話，那麼，言說只是流於空洞的形式，最終還是等於什麼也沒說——「無言」。

第五節　莊子語言哲學透析

審視莊子的語言哲學，給人留下最深印象甚至使人產生強烈震撼的是，莊子在對語言的表述和探討中，反覆使用的是否定詞，從「不言」、「非言」、「無言」、「忘言」、「去言」、「不可言」、「不能言」、「言無言」到「未嘗言」等字眼和術語比比皆是，幾乎都是從禁止或消極的意義上理解語言的。不難看出，莊子對語言的總體判斷基本上是消極的，以至於即使允許「口言」也不忘時時提醒人要做到「心未嘗言」。所以，在莊子對語言的論述中，從未讓人「放言」或「暢言」，「歡」言和「笑」語是什麼樣子更是絕對不可想像的。莊子曾說：「夫哀莫大於心死，而人死亦次之。」(《莊子‧田子方》)而他對語言的論述和「口言」時的毫無內容，總是給人一種彷彿心死一般的印象和震撼。在莊子看來，語言的可悲之處在於無能——無法接近道、膚淺——只能糾纏於事物表面；語言的可憐之處在於有待未定，自己不能決定自己的命運，內容和標準都是待定的；語言的可惡之處在於隱藏道的本真，破壞萬物的統一；語言的可愛之處在於形神分離——可以只要形式，沒有內容，到頭來說了等於沒說。莊子對語言的這一態度與其說是一種豁達和灑脫，毋寧說是某種消極、悲觀情緒在語言哲學中真實而無意的流露。

一、理論誤區

對於語言的消極判斷和認定使莊子的語言哲學陷入了不可自拔的理論誤區。

在言與道的關係層面，莊子認為，由道的超言絕象所注定的道的不可名、不可言和不可聞使道拒絕語言的介入，並由此排除了一切感性認識對於體悟道的意義。這使他所講的道陷入極端的神秘之中，最明顯的後遺症便是無法排遣的虛無性。在本體哲學領域，莊子對道之存在的確證儘管不遺餘力、信誓旦旦，卻不能言之鑿鑿、有理有據。結果是，儘管莊子極力宣稱道有情有信，到頭來，道的「情」、「信」以至於道的存在本身都陷入尷尬，成為最大的問題乃至疑問。

在言與知構建的認識哲學領域，莊子恪守語言只能言及物之粗而不能言說物之精的權界劃分。這不僅截然割裂了世界的現象與本質，而且由於對本體界——物之精不可言說的過分渲染，使人對事物本體的認識最終陷入完全沒有感性依據的神秘的主觀玄想和直覺體驗。更有甚者，鑒於語言的權界和缺憾，莊子發出了「不言」、「去言」的宣言，由於排除了語言的相互交流和傳遞，從根本上否定了間接經驗在人類認識過程中的作用。

在言與德的關係層面，莊子沿著言與德分離的思路越走越遠，推導出多言、善言是無知的表現，進而把不言、忘言視為最高的精神境界和道德修養。這不僅完全忽視了語言承載的道德成分，而且從源頭處否定了語言教化的可能性和必要性。其實，人的話語方式和談吐內容可以展示出道德修養和品質，言語的內容也具有不可否認的是非、善惡之分，真理與謊言、善言與惡語所引起的後果更是相去天壤。

在言與行的關係搭建的日常行為中，莊子推崇「言無言」。這種方式的交往有言之形卻無言之實，顯然有失真誠和熱情，故而難逃應付、對付之嫌。在人與人的交往中，這種缺少關注、聆聽的淡漠和無所用心會傷害人的感情而破壞交往，難以達到交往的目的。

二、哲學智慧

毋庸置疑，莊子以「言無言」為追求的語言哲學既流露出某種消極情緒，又折射出不可掩蓋的智慧之光。莊子對語言的洞見具有不容忽視的積極意義和啟迪價值。

　　長期以來，語言的形上意蘊一直被中國哲學所忽視甚至遮蔽，致使語言淪爲純粹的交際工具和手段。其實，語言與人的存在本質和生存狀態密切相關，全息並濃縮著人與自然、人與人和人與內心的交往方式，甚至直指人之存在本身。「語言是存在的家」更是得到越來越多的人的認同，這便是當代哲學語言轉向的實質所在。莊子立足於道的高度來探討和關注語言問題，儘管具體觀點和結論有待商榷，然而，他的這種致思方向和努力卻在本體哲學領域爲語言爭取了一席之地。在號稱「百家」的先秦哲學中，只有道家對語言的本體意蘊進行了深入挖掘和熱切關注，故而顯得彌足珍貴。儘管是以否定的心態和形式進行的，莊子及其道家的這種探索和姿態無疑是立意深遠、氣勢恢宏的，並且與當代哲學的思維路徑不謀而合。莊子在本體哲學領域所伸張的道對語言的排斥，以特殊方式彰顯了語言的形上屬性和神采。特別是在由於過分熱衷於安身立命而使宇宙本原形而下化的中國古代哲學中，莊子的做法是難能可貴的。與此同時，道的超言絕象與物之精對語言的遠離共同營造了以朦朧、模糊爲意趣的美學理念，不僅爲中國哲學注入了難得的浪漫氣息，而且給主觀想像和主體創造留下了諸多的自由空間。

　　在認識哲學領域，由於事物往往具有兩重性乃至多重性，事物規律、本質的呈現有個過程，有時會遇到辭不逮意或不可言說的情況，語言也確實因爲人的主觀好惡、民族性格和文化傳統而呈現出巨大差異。莊子對這些問題的揭示深中肯綮，對這方面的論證可謂入木三分。在科學研究、文本解讀和日常交往中，語言誤讀現象屢見不鮮。語言的誤讀有時會造成致命的後果，其積極意義同樣不可低估。儘管莊子誇大了前者而否認後者，然而，莊子的看法具有深刻的片面性，所以與現代解釋學的某些觀點「英雄所見略同」。

　　在道德哲學領域，莊子披露的言與德的脫離更是被歷史所證實，歷史上從沒有杜絕過此類現象。儘管虛僞、浮誇和言過其實不是語言本身的過錯，語言的濫用或言與德的分離卻難辭其咎。在這方面，莊子沒有強調言必行、行必果，以言語必須落實到行動上爲切入點來規避言行脫節，也沒有主張「先行其言，而後從之」（《論語‧爲政》），以先行後言堵塞言而不行的漏洞。不可否認的是，他的揭露同樣具有警世作用。

　　在言與德的關係即日常行爲中，莊子「言無言」的做法有些極端，卻以另類的方式向人們昭示了一個樸素的道理：人與人的交往實質上是心靈的溝通、思想的傳遞和情感的交流，語言是手段，並不是目的和實質本身。如果

人們的交往只限於語言層面，交往便會直白、膚淺和表面化，最終流於形式和儀式，達不到交際、交流和交往的目的。

由於標榜「言無言」，莊子的語言哲學極富道家特色。莊子從宇宙之道的特點入手，指明道的無名，進而斷言語言對道不可企及。不僅如此，莊子在言與知、言與德和言與行等諸多層面對語言的理解也帶有厚重的道家烙印，成爲道家認識哲學、道德哲學和人生哲學的重要組成部分。正因爲如此，莊子對語言的理解與老子尤其是在本體哲學領域大體相同。

莊子及老子代表的道家對語言的排斥與儒家對語言的謹慎態度在某些方面具有異曲同工之妙。身爲儒家的孔子告訴人們「君子恥其言過其行」（《論語‧憲問》），並且對「巧言」（內懷不滿或有失眞誠而表面友善）深惡痛絕，斥之爲道德的最大敵人。孔子是從言行觀和道德修養的角度立論的，目的是追求言行一致，反對浮誇，講求眞誠。儘管如此，對於語言與道德的脫離和言行不一，儒道兩家的認識不謀而合──不僅對這一現象有所洞察，而且對之深惡痛絕。在此，需要澄清的是，在對待語言的態度上，儒家與道家的具體做法並不相同。準確地說，儒家對語言持謹慎態度，並不從根本上或總體上排斥語言。相反，儒家試圖通過一系列的努力──如「正名」等，從積極方面竭力促使言行一致。儒家的這一做法與墨家走到了一起。墨家的邏輯學也有這方面的理論初衷和價值旨趣。這就是說，在對語言的審慎和排斥上，道家比儒家走得更遠。老子和莊子對語言的微詞除了語言失眞、害德之外，還有語言損道、無知等理由，這些是基於語言與道、語言與知的關係立論的──既超出了儒、墨兩家的理論視域，也預示著對待語言的決絕態度。

中國哲學特別是道家、儒家的語言觀長期以來造就了中國人對語言的敬畏和審慎。作爲其最直接的後果，在謙虛成爲並且被視爲美德的同時，不言、慎言也隨之成爲一種心理障礙和人文常規。對於中國人來說，言多必失的觀念根深蒂固，難以啓齒的窘迫時有發生，傾訴的欲望（無論是向牧師還是向心理醫生──在中國漫長的古代社會，壓根就沒有出現過這兩種職業，他們的位置一直被師長所取代。而師長的價值和職責過於集中在傳道、授業和解惑上，情感的交流和心靈的溝通基本上屬於奢侈之列）被忽視。與此相關，不善辭令、羞於表達（尤其是在親人或陌生人面前）甚至言不由衷成爲中國人的通性和共性，最終積澱爲內向、內斂的民族性格。中國人和中國文化的這種性格特徵在中西文化對比以及中國人與外國人的交往中則表現得極其明顯和突出。

第十章　莊子的生命哲學

　　莊子關注生死問題，生死觀在他的整個思想體系中佔有極其重要的位置。《莊子》是這樣概括莊子學說的：「寂漠無形，變化無常，死與？生與？天地並與？神明往與？芒乎何之？忽乎何適？萬物畢羅，莫足以歸。……獨與天地精神往來，而不敖倪於萬物。不譴是非，以與世俗處。其書雖瑰瑋，而連犿無傷也。其辭雖參差，而諔詭可觀。彼其充實，不可以已。上與造物者遊，而下與外死生、無終始者為友。」（《莊子‧天下》）這段話兩次提到死生問題，足以顯示生死觀在莊子學說中的重要地位。不僅如此，第一次「死與？生與？」是從以道為本的本體哲學立論的，第二次「與外死生、無終始者為友」則側重人生態度和處世哲學。這足以顯示莊子對生死的看法貫通本體哲學、人生哲學等諸多方面，高度和廣度兼而有之。

　　正因為莊子的生命哲學建構在先秦乃至整個古代哲學中都是最為豐富和完備的，所以，不僅作為難得的歷史資料而彌足珍貴，而且是理解中國古代生命哲學不可替代的學術個案。與此同時，提起莊子，人們通常的看法是，莊子消極厭世，嚮往死亡，視之為厭生樂死的典型。這使還原莊子學說的原貌，予之公允、客觀的評價對於哲學工作者具有不可抵擋的誘惑力。

第一節　道與生命的真相

　　站在道家的立場上，莊子宣稱道是宇宙本原，人與萬物一樣派生於道。對於道，莊子解釋說：「何謂道？有天道，有人道。無為而尊者，天道也；有為而累者，人道也。主者，天道也；臣者，人道也。天道之與人道也，相去遠矣，不可不察也。」（《莊子‧在宥》）在此，莊子強調，道分為天道與人道，

這是兩個完全不同的方面和層次，地位並非平等（「相去遠矣」）：從存在方式和特徵來看，天道無爲而尊，人道有爲而累；從相互關係和地位來看，天道主，人道臣，人道服從天道。這是莊子生命哲學的本體依據和邏輯前提，他對生命眞相的揭示、對生死關係的界定及其態度都是從這裡起步並依此展開的。或許已經意識到了這一點，莊子對天道與人道的關係十分重視，從不同視角和維度加以重申：

「何謂人與天一邪？」仲尼曰：「有人，天也；有天，亦天也。
人之不能有天，性也。聖人晏然體逝而終矣！」（《莊子·山木》）

以天待人，不以人入天，古之眞人！（《莊子·徐无鬼》）

知天之所爲，知人之所爲者，至矣！（《莊子·大宗師》）

莊子的這些議論從不同角度指向同一個結論：懾於天（天道）的地位，人應該順應天道的變化、與天合一；人與天合一的方式是不以人爲因素強加於天，而是以天道的規律和邏輯統轄人道；順應天道的前提是知天之所爲——有人有天，知人之所爲——以天待人、不以人入天。天道與人道（天與人）的關係是莊子生死觀以及生命哲學的理論前提和本體依據。有了道本論這個恢宏敘事和前提背景，人的生命便變得自然而然、輕而易舉了。莊子宣稱：「通天下一氣耳。」（《莊子·知北遊》）整個世界都是道的作用，呈現爲無限變動的過程。正是在這個永無休止的過程中，道顯示出了人形；或者說，人的生命來源於道，質言之，人是道無限變化中的一種形態或一個階段。在這個思維路徑的指示下，莊子具體描述了道無限變化的軌跡，並把人安插其間、爲人找到了自己的起源和「歸宿」。他寫道：

種有幾（微妙——引者注），得水則爲䋤，得水土之際則爲蛙蠙之衣，生於陵屯則爲陵舃（土堆、澤洩——引者注），陵舃得鬱棲則爲烏足，烏足之根爲蠐螬，其葉爲胡蝶。胡蝶胥也化而爲蟲，生於竈下，其狀若脱，其名爲鴝掇。鴝掇千日爲鳥，其名爲乾餘骨。乾餘骨之沫爲斯彌，斯彌爲食醯。頤輅生乎食醯，黃軦生乎九猷。瞀芮生乎腐蠸，羊奚比乎不箰，久竹生青寧，青寧生程，程生馬，馬生人，人又反入於機。萬物皆出於機，皆入於機（即上面「種有幾」的幾——引者注）。（《莊子·至樂》）

通過這一系列令人心眩神迷、眼花繚亂的階梯或程序，莊子旨在說明：人是道變化萬千中不經意的一種形態，源於物（馬），返於物（機）。在道所

顯示的生命流程中，人偶然而生，並沒有什麼特殊的必然性。值得注意的是，古代哲學推崇天人合一的思維方式和價值取向，認爲人與萬物一樣來源於宇宙本原——天或道。對於這一點，道家、儒家和墨家的看法相同。從這個意義上說，人與萬物的地位和身份相同，並沒有優越性。然而，古代哲學家不約而同地強調人高於萬物的優越地位，孟子的性善說以人生來具有「四心」證明了人不同於禽獸，連老子也強調雖然同源於道，但人爲「四大」之一、具有萬物無法比擬的優越性。與此不同，莊子在說明人與萬物都源於道時，並沒有伸張人的特殊性，這使人作爲人的特殊價值始終缺少天然合理性。人沒有優先地位，也沒有必然性，這注定了人的生命在莊子那裡將會因爲缺少必然性而導致正當性、合理性、神聖性和權威性的喪失。事實的確如此，由於生命的本原缺少必要的必然性，由於人的生命沒有應有的優越感，莊子對生命本質做如是觀：

一、對於人而言，生沒有屬於自己的本質

莊子認爲，生是道賦予人的一種形式，人的生命的一切（包括身體、性命和子孫等）都是天地委託自己的，因此，並不眞正屬於自己。人的身體如此，人的性命和子孫也不例外——既然這些都是天地的委託，主權依然掌握在天地的手中，人焉能據爲私有？進而言之，人不能擁有這一切，甚至對這一切一無所知，當然更談不上主宰或支配了。在此，《莊子》借設問、對答的方式闡明了這個問題：

> 舜曰：「吾身非吾有也，孰有之哉？」曰：「是天地之委形也；生非汝有，是天地之委和也；性命非汝有，是天地之委順也；子孫非汝有，是天地之委蛻也。故行不知所往，處不知所持，食不知所味。天地之強陽氣也，又胡可得而有邪！」（《莊子·知北遊》）

在莊子那裡，由於生是道或天地的傑作，人對生命活動既無法參與，又無法主宰，甚至無法認識。所以，人無異於失去意識的永遠的流浪者——總是在不停地走，卻沒有固定的目標，也不知道要流向何方。在此基礎上，莊子發出了這樣的感歎：「性不可易，命不可變，時不可止，道不可壅。苟得於道，無自而不可；失焉者，無自而可。」（《莊子·天運》）其實，這與其說是莊子對人生的感歎，不如說是他的生命觀的必然結果更爲確切。

二、人有待而生，完全處於受動和無奈之中

「有待」是莊子哲學特有的名詞和術語，指有條件或有所依賴。按著他的邏輯，有所依賴或有條件就會有所束縛和侷限，不能實現自由的狀態。因此，有待是一種被動或受動的狀態，與自由自在的逍遙狀態相對立。在《莊子》的首篇《逍遙遊》中，莊子即借鯤鵬、小雀等說明，它們之間儘管有大小之別，卻都依賴於各種條件，故而有待而生。因此，它們都不能達到悠閒自得、無拘無束的無待的逍遙境界。

進而言之，莊子斷言：「萬物亦然，有待也而死，有待也而生。」（《莊子·田子方》）在他看來，與萬物一樣，人之生和人之死都依賴各種條件，都是有待的。這表明，人的生命的本質從根本上說不由自主、處於不能自由支配的受動狀態。莊子借罔兩與景的對話形象地說明了這個道理：

> 眾罔兩問於景曰：「若向也俯而今也仰，向也括撮而今也被髮；向也坐而今也起；向也行而今也止：何也？」景曰：「搜搜也，奚稍問也！予有而不知其所以。予，蜩甲也，蛇蛻也，似之而非也。火與日，吾屯也；陰與夜，吾代也。彼，吾所以有待邪，而況乎以無有待者乎！彼來則我與之來，彼往則我與之往，彼強陽則我與之強陽。強陽者，又何以有問乎！」（《莊子·寓言》）

在這裡，景時而俯時而仰、時而束髮時而披髮的形象容貌以及忽然起而動、忽然坐而止的運動靜止表面看來是景之所為，實則是運動的種種形式，絕非景之所有；既然是運動，便會有不停的變化，因此，景也只能是見其然而不知其所以然。景的存在尚且如此，依賴於景的罔兩就更不用說了。在此，莊子旨在說明，面對生命，人不知所來、不知所往，完全是一片茫然。有鑑於此，他得出了如下結論：「死生、存亡、窮達、貧富、賢與不肖、毀譽、饑渴、寒暑，是事之變、命之行也。」（《莊子·德充符》）這就是說，既然人的生死依賴於各種條件，處於事變之中，屬於受動狀態，那麼，處於被動中的生死相對於人而言就是無可奈何甚至不知其所以然的宿命。

三、面對生命，人一片陌生和茫然

由於既無法認識又無從參與或主宰，人對於自己的生命完全是陌生的。對於生命的茫然和陌生，莊子寫道：

> 是亦近矣，而不知其所為使。若有真宰，而特不得其朕。可行

己信，而不見其形，有情而無形。百骸、九竅、六藏，賅而存焉，吾誰與為親？汝皆說之乎？其有私焉？如是皆有為臣妾乎？其臣妾不足以相治乎？其遞相為君臣乎？其有真君存焉！如求得其情與不得，無益損乎其真。一受其成形，不亡以待盡。與物相刃相靡，其行盡如馳而莫之能止，不亦悲乎！終身役役而不見其成功，苶然疲役而不知其所歸，可不哀邪！（《莊子・齊物論》）

　　由於不是人的意願，由於完全排除了人的參與，人對自己置身其外的生命不是感到親切自在，而是深感不安、茫然、惶惑和陌生。作為一個事不關己、並且永遠也弄不懂原由的旁觀者而不是當事人或當局者，人面對「自己」總是莫名其妙、手足無措，彷彿是面對一個與他不曾相識的他者。身是最近的，可人面對自己的身體器官卻總有一種陌生感──既不明白它們的存在本質、來龍去脈，也搞不懂它們的相互關係、真實面目。例如，人不明白它們受誰指使，不瞭解各種器官之間的關係如何、誰聽誰的，甚至不知道自己偏祖其中的哪個器官，還是對它們都鍾情有加；退一步說，人即使知道了這些也於事無補，不能改變它們的本性。面對這樣的身體，人不是熟悉、真切，而是陌生乃至恐怖。正是基於存在的這種情狀，莊子才有了如此的生命感受：「吾一受其成形，而不化以待盡。效物而動，日夜無隙，而不知其所終。薰然其成形，知命不能規乎其前。」（《莊子・田子方》）

四、渲染生命的短暫，暗示生不是人之本然或常態

　　在莊子那裡，人因道而生，人之生因循的道無始無終，在時間上是無限的。有了道的比對和參照，人生便顯得極其渺小和短暫。對此，莊子指出：「自本觀之，生者，暗醷物也。雖有壽夭，相去幾何？須臾之說也。」（《莊子・知北遊》）這清楚地表明，以道的無限為參照系統，人的生命好比道的呼吸一樣存乎瞬間，人與人之間壽命的長短完全可以忽略不計，充其量不過是瞬間而已。從這個角度看，彭祖儘管活了 800 歲、在人群中屬於長壽者，而與道相比簡直不值一提。這便是「天下莫壽於殤子而彭祖為夭」和齊壽夭的真正含義，也是齊生死的由來。在此基礎上，莊子對人生進行了如下透視和定位：「人生天地之間，若白駒之過郤，忽然而已。注然勃然，莫不出焉；油然漻然，莫不入焉。已化而生，又化而死。」（《莊子・知北遊》）

　　總之，莊子試圖告訴人們，人生即使不歸咎於道的筆誤，至少是道不經

意間的隨意，人無權到道那裡申訴自己的權利和尊嚴；生對於人而言是一個美麗的錯誤，由於人的整個生命流程都是道包辦的，而不是人的作爲，人對於生命從身體、器官到壽夭、生死、貧富、貴賤等際遇由始至都終處於完全被動和無奈之中。從這個意義上說，對於人而言，生命的本質就是虛無。《莊子》中的許多寓言、故事都反映了莊子的這一情緒和主張：

> 狙公賦芧，曰：「朝三而暮四。」眾狙皆怒。曰：「然則朝四而暮三。」眾狙皆悅。名實未虧而喜怒爲用。（《莊子・齊物論》）

> 昔者莊周夢爲胡蝶，栩栩然胡蝶也。自喻適志與！不知周也。俄然覺，則蘧蘧然周也。不知周之夢爲胡蝶與？胡蝶之夢爲周與？周與胡蝶則必有分矣。此之謂物化。（《莊子・齊物論》）

如上所述，人的生命是道賦予的、原本從物變化而來，將來還要變成其他非人的樣子。第一則故事說明，人無論變成什麼樣，生命的本質沒有變——這猶如朝三加暮四與暮四加朝三的實質沒有變一樣。換言之，人生在世，或貧或富、或壽或夭、或通或塞、或毀或譽，表面上看吉凶榮辱相去甚遠，從道的創生、人生的本質或生命的眞相來看，所有這些都是細節的差異，相去幾何！第二則故事說明，莊周與蝴蝶都處在生死的無限鏈條之中，本來就是相互轉化的；作爲人的莊周從物而來，將來還會變爲物的形態。如此說來，蝴蝶與莊周表面上看是夢與醒的問題——夢中明白、感到自己是蝴蝶，清醒時反而糊塗了、不知是蝴蝶變成了莊周還是莊周變爲了蝴蝶，其實這才是人的存在的眞相。因爲莊周與蝴蝶同是道的方面或物化的形態，原本就沒有區別。在這個意義上，虛無就是人生的眞相。

進而言之，莊子所講的人生本質是虛幻的、虛無是人生的眞相，除了前面所提到的人不能眞正具有自己的生命，擁有屬於自己的生活之外，一個重要的方面就是人生沒有固定的常態，始終處於變幻莫測的虛幻之中。對此，莊子指出：「夢飲酒者，旦而哭泣；夢哭泣者，旦而田獵。」（《莊子・齊物論》）更爲嚴重的是，雖然人生的本質是虛幻的、無常的，而人生之拖累卻眞眞切切、不可逃脫。《莊子》中有這樣一則寓言：

> 莊子之楚，見空髑髏，髐然有形。撽以馬捶，因而問之，曰：「夫子貪生失理而爲此乎？將子有亡國之事、斧鉞之誅而爲此乎？將子有不善之行，愧遺父母妻子之醜而爲此乎？將子有凍餒之患而爲此乎？將子之春秋故及此乎？」於是語卒，援髑髏，枕而臥。夜

半，髑髏見夢曰：「向子之談者似辯士，視子所言，皆生人之累也，死則無此矣。子欲聞死之說乎？」莊子曰：「然。」髑髏曰：「死，無君於上，無臣於下，亦無四時之事，從然以天地爲春秋，雖南面王樂，不能過也。」莊子不信，曰：「吾使司命復生子形，爲子骨肉肌膚，反子父母、妻子、閭里、知識，子欲之乎？」髑髏深矉蹙頞曰：「吾安能棄南面王樂而復爲人間之勞乎！」（《莊子・至樂》）

　　這則故事與莊子的論述一樣，生之眞相的虛無與生之拖累的眞切形成強烈的反差，卻又同指一個事實——生之眞相。有人把這則寓言視爲莊子厭生樂死的證據。退一步說，即使不作如是觀，髑髏之語至少揭露了人生之累，如貪生失理、亡國之事、斧鉞之誅、愧遺父母妻子、凍餒之患以及生命時限等。生的這些牽累在與死無上下等級、四時之事以及以天地爲春秋的悠然自由的比較中更顯突出。

　　莊子對生之眞相的參悟奠定了他的生死觀和人生態度的理論前提。正是在此基礎上，莊子斷言生不可悅而死無須厭；同樣是在此基礎上，爲了擺脫人生之累、享受人生之樂，莊子建構了一套養生、尊生和盡天年之方。

第二節　樂死還是齊生死

　　就抽象的邏輯而言，如果生是一場虛無、本無可戀的話，那麼，死是否也就隨之變得不那麼可惡、可怕了。更何況作爲道的變化形態，生與死具有同樣的出處和身份，憑什麼對之厚此薄彼呢！基於對生的理解、立足於道的高度，與儒家熱衷生、淡漠死而對死避而不談、三緘其口不同，莊子執著於對死的思考，探討死亡的意義。在對死的追問中，莊子注重闡明了如下問題：

一、生與死是一個問題的兩個方面

　　莊子宣稱，死是人必然經歷的一種體驗。與生一樣，死也是道賦予人的不可逃脫的形態。對此，莊子一再強調：

　　　　夫大塊載我以形，勞我以生，佚我以老，息我以死。（《莊子・大宗師》）

　　　　生也死之徒，死也生之始，孰知其紀！人之生，氣之聚也。聚則爲生，散則爲死。若死生爲徒，吾又何患。（《莊子・知北遊》）

在莊子看來，如果說道用生使人勞作、忙忙碌碌的話，那麼，死便是道讓人休息、不再奔波。如此說來，作為氣聚散的結果，生死相依、死生相伴。其實，人生就處於「方生方死，方死方生」（《莊子·齊物論》）的急劇轉化、變動不居的狀態。有鑑於此，僅僅體會生是不夠的，只有體會死，才能更好地理解生。莊子對死以及生死關係的這種框定為齊生死提供了理論前提和本體依託。

二、在存在時限上，死比生更優越

莊子認為，與道的恒常、永久相比，人的生命只是瞬間。人出生瞬間即會死亡，這加速了死的腳步和緊迫。甚至在某種意義上可以說，生的短暫印證了死的長久，生的虛幻映現了死的真實。髑髏所言「死，無君於上，無臣於下，亦無四時之事，從然以天地為春秋」即道出了死的從容、安泰和長久。不僅如此，莊子從生死時限的對比中突出了死是人的本然狀態。他一再強調：

> 計人之所知，不若其所不知；其生之時，不若未生之時。（《莊子·秋水》）

> 日夜相代乎前，而知不能規乎其始者也。（《莊子·德充符》）

不言而喻，在人不能窺其始的時間裏，人只有死而沒有生。如此說來，與其說死是人的歸宿，不如說死是人的老家、死是生的開始。莊子在表述生死關係時說「死也生之始」、以死為始而不是以生為始也流露了這一思想動向。基於這種理解，在面對死亡時，莊子非常坦然，表現出常人難以想像的豁達和從容。據《莊子》記載：

> 莊子妻死，惠子弔之，莊子則方箕踞鼓盆而歌。惠子曰：「與人居，長子、老、身死，不哭亦足矣，又鼓盆而歌，不亦甚乎！」莊子曰：「不然。是其始死也，我獨何能無概！然察其始而本無生；非徒無生也，而本無形；非徒無形也，而本無氣。雜乎芒芴之間，變而有氣，氣變而有形，形變而有生。今又變而之死。是相與為春秋冬夏四時行也。人且偃然寢於巨室，是我嗷嗷然隨而哭之，自以為不通乎命，故止也。」（《莊子·至樂》）

人非草木，孰能無情！面對痛失親人的生離死別，有幾人能無動於衷？這時就只能啟動生命的大智慧從生命本原的高度來理解生死的意義、以此來撫慰心靈之痛了。

三、齊生死

　　莊子對死的種種理解和說明體現了基於道的高度所應有的修養和情懷，絕無樂死或厭生之意。關於這一點，有人或許說，上文髑髏之語的寓言已經突出了死優於生的逍遙和自在，下面的故事也給人同樣的感覺：「麗之姬，艾封人之子也。晉國之始得之也，涕泣沾襟。及其至於王所，與王同筐床，食芻豢，而後悔其泣也。予惡乎知夫死者不悔其始之蘄生乎？」（《莊子・齊物論》）麗姬在麗之時懼怕晉國王宮的生活，恰如人在生時恐懼死亡；等到居於王所時，麗姬才知道原來自己哭泣、恐懼的正是自己夢寐以求甚至連想都不敢想的生活。此時的麗姬翻然悔悟，後悔當初為何不高高興興而要痛哭失聲呢？如此說來，怎知死者不後悔當初貪生怕死呢？這裡以晉王之宮優於艾封之地隱喻死比生更幸福、更快樂，具有樂死之嫌。循著這個邏輯，莊子對死亡的嚮往襯托了對生的厭惡，給人厭生樂死之感。

　　就莊子的本意和一貫主張來看，莊子並不厭生。換言之，他對生與死的態度應該是一樣的，不會取一去一、舉一抑一。具體地說，作為道賦予人的形態，生與死具有同樣的正當性和權威性，來源和本質是一樣的，這本身就是「齊生死」的題中應有之義。與此同時，人應該對生死同樣對待，不應在感情上存有好惡或偏袒。正因為如此，莊子一再申明：

　　　　故善吾生者，乃所以善吾死也。（《莊子・大宗師》）

　　　　明乎坦途，故生而不說，死而不禍：知終始之不可故（固、固
　　　　定——引者注）也。（《莊子・秋水》）

　　　　以死生為一條（相連相通、下「一貫」同——引者注），以可
　　　　不可為一貫者，解其桎梏。（《莊子・德充符》）

　　不論是從來源確認還是從相互關係來看，生與死對於人都有同樣的意義和價值。因此，如果好生，也應好死。或者說，正確的方法是平等地對待生死。只有把生與死視為周而復始的循環鏈條，拋棄情感好惡，明白生不可悅、死不必禍，才能達到自由境界。基於這一理念，莊子把自己的理想人格——真人和聖人都描述成齊生死的榜樣，讓人加以傚仿。在他的視野中，真人和聖人是如此處理生與死的：

　　　　古之真人，不知說生，不知惡死。（《莊子・大宗師》）

　　　　聖人之生也天行，其死也物化。……去知與故，循天之理。故

> 無天災，無物累，無人非，無鬼責。其生若浮，其死若休。其寢不
> 夢，其覺無憂。（《莊子·刻意》）

在莊子看來，由於聖人齊生死，既不悅生也不厭死，因此，在行動上以生爲天行、以死爲物化，完全拋開人爲和故意，一切任其自然、順應天道，在避開各種干擾和煩惱的桎梏的同時，達到了心靈的靜謐和安寧。這表明，人們在齊生死——平等地看待生和死之後，便可以不樂生厭死、安時處順了。這兩段話語結構和思想內容幾乎完全相同的引文同樣表達了莊子的這一思想：

> 且夫得者，時也；失者，順也。安時而處順，哀樂不能入也，
> 此古之所謂縣解也，而不能自解者，物有結之。（《莊子·大宗師》）

> 適來，夫子時也；適去，夫子順也。安時而處順，哀樂不能入
> 也，古者謂是帝之縣解。（《莊子·養生主》）

在莊子那裡，安時處順就是排除哀樂等情感、心緒的羈絆和糾纏，一切聽從道的派遣和安排，在道造化的大熔爐裏，一切隨遇而安。對此，莊子形象地說：

> 今大冶鑄金，金踊躍曰：「我且必爲鏌鋣！」大冶必以爲不詳
> 之金。今一犯人之形而曰：「人耳！人耳！」夫造化者必以爲不詳之
> 人。今一以天地爲大爐，以造化爲大冶，惡乎往而不可哉！（《莊子·
> 大宗師》）

在莊子看來，人齊生死——既不厭生樂死也不悅死惡生就是順應道的變化、與天道融爲一體。天道賦我人形，我應之以從；天道賦我以死，我從之以往；造化者賦予我人形，我以人形自待；造化者賦予我非人，我以非人自得。以這樣的心態來應對道的變化和生死，便可一切怡然而自得、無往而不適了。有了這樣的道德修養，就能夠臻於「以無有爲首，以生爲體，以死爲尻」的人生境界了。

有鑑於此，莊子把人的境界分爲三個層次，進而宣稱：「有以爲未始有物者，至矣，盡矣，弗可以加矣！其次以爲有物矣，將以生爲喪也，以死爲反也，是以分已。其次曰始無有，既而有生，生俄而死。以無有爲首，以生爲體，以死爲尻。孰知有無死生之一守者，吾與之爲友。」（《莊子·庚桑楚》）文中的「有以爲未始有物」是存在論層次，屬於形而上的哲學境界，遠非常人可企。很顯然，理論重心側重於人生哲學的莊子無意把玩形而上的哲思，

而是把目光投向了人的視域。就人的世界而言，「以無有爲首，以生爲體，以死爲尻」——這是人能夠達到的境界，也是人所應有的氣度。在對待生死的三境界中，莊子主要是圍繞著這一層次論述的。所以，莊子心儀於「有無死生之一守」的齊生死境界，齊生死基本上代表了莊子對生死的主要看法和一貫態度。

齊生死是莊子對於死或生死觀的一貫看法和主要觀點，也是常人能夠企及和達到的境界。爲了眞正做到齊生死，《莊子》借女偶之口描述——或者說推薦了如下的修道過程：「參日而後能外天下，……七日而後能外物，……九日而後能外生；已外生矣，而後能朝徹（一旦豁然開朗——引者注）；朝徹而後能見獨；見獨而後能無古今；無古今而後能入於不死不生。」（《莊子·大宗師》）

「不生不死」即齊生死，是擺脫了貪生怕死、悅生惡死之後的自由狀態。由於已經修煉到了齊生死的「不生不死」的自由境界，所以，莊子本人對死亡就有視死如歸的豁達和氣概。書曰：

> 莊子將死，弟子欲厚葬之。莊子曰：「吾以天地爲棺槨，以日月爲連璧，星辰爲珠璣，萬物爲齎送。吾葬具豈不備邪？何以加此！」
> 弟子曰：「吾恐烏鳶之食夫子也。」莊子曰：「在上爲烏鳶食，在下爲螻蟻食，奪彼與此，何其偏也。」（《莊子·列禦寇》）

在此，基於道的無限運行和萬物的無限轉化，莊子本著從哪裏來到哪裏去的原則，把自己的生命交付給了天地，試圖通過死亡與自然聯爲一體，最後回歸於道。

總之，在對待死亡的問題上，正如不厭生一樣，莊子不惡死而平常對待死亡。生與死是一個問題的兩個方面，也是齊生死的價值取向在具體行爲中的實際貫徹和運用展開。在此，需要說明的是，莊子對生死所做的闡述和說明往往給人一種厭生樂死的印象。之所以如此，是因爲人們常常樂生惡死。爲了補偏救弊，儘管有矯枉過正之嫌，莊子也只能針對人的實際情況強調生不足悅——生之虛幻、無常而死不足惡——死之逍遙自在，於是，讓人形成了此種感覺。其實，這並不是莊子的本意。因爲他對生與死是平等看待的，既不悅生，也不樂死。當然，莊子既不厭生也不樂死。齊生死不僅情感上對生死不存好惡於其間，而且行動上平等對待，質言之都不予參與。

第三節　尊生、養生和盡天年

在莊子那裡，生的真相與死的狀態相互印證和參照，一起指向同一個結論，那就是生死相齊即齊生死。齊生死包含兩方面的含義：從產生和真相來看，生死都是道變化的一種形態，本無區別；從人對待生與死的態度和方式來看，一視同仁對待生死。這就是說，從邏輯上講，厭生就應厭死，樂死也應樂生，不應把生死分別對待。事實上，在齊生死的前提下，莊子並不厭生也不樂死，即使偶而萌發厭生之念，也是因為對生愛極生恨——感歎生命的短暫。在齊生死和不以哀樂入生死的前提下，莊子樂生、尊生並養生，追求人生的盡天年，表現出對生命的珍惜和渴望。

一、尊生——珍重生命

從保持天然本性的原則立場出發，莊子強調，人應該順應本性地活著，謹防喪失天然本性。在這方面，他不止一次地指出：

> 牛馬四足，是謂天；落馬首，穿牛鼻，是謂人。故曰：「無以人滅天，無以故滅命，無以得殉名。謹守而勿失，是謂反其真。」（《莊子·秋水》）

> 百年之木，破為犧尊，青黃而文之，其斷在溝中。比犧尊於溝中之斷，則美惡有間矣，其於失性一也。（《莊子·天地》）

按照莊子的審美判斷和是非標準，天然所具有的本性就是美，人為的刻意和破壞都是醜，是對本性的戕害和扼殺。從這個意義上說，青黃文之的華麗器皿與斷在溝中的樹根沒有什麼區別——都喪失了本性。本性是生的精華和圭臬。有鑑於此，莊子進而指出，保持人的本性而不被外物損傷就是尊生。

對於如何尊生，莊子強調說：「能尊生者，雖貴富不以養傷身，雖貧賤不以利累形。」（《莊子·讓王》）這說明，貧富貴賤之念與尊生相左，人如果真的珍重生命的話，就會把貧富貴賤置之度外。不僅如此，莊子還舉了許多例子來闡明外物對生命的損害，一再告誡人們不可貪圖各種名利而殉生損性或害生。下僅舉其一斑：

> 子列子窮，容貌有飢色。客有言之於鄭子陽者，曰：「列禦寇，蓋有道之士也，居君之國而窮，君無乃為不好士乎？」鄭子陽即令官遺之粟。子列子見使者，再拜而辭。使者去，子列子入，其妻望之而拊心曰：「妾聞為有道者之妻子，皆得佚樂。今有飢色，君過而

遺先生食，先生不受，豈不命邪？」子列子笑，謂之曰：「君非自知我也，以人之言而遺我粟；至其罪我也，又且以人之言，此吾所以不受也。」其卒，民果作難而殺子陽。（《莊子·讓王》）

　　越人三世弒其君，王子搜患之，逃乎丹穴，而越國無君。求王子搜不得，從之丹穴。王子搜不肯出，越人薰之以艾。乘以王輿。王子搜援綏登車，仰天而呼曰：「君乎，君乎，獨不可以舍我乎！」王子搜非惡為君也，惡為君之患也。若王子搜者，可謂不以國傷生矣！此固越人之所欲得為君也。（《莊子·讓王》）

　　韓魏相與爭侵地，子華子見昭僖侯，昭僖侯有憂色。子華子曰：「今使天下書銘於君之前，書之言曰：『左手攫之則右手廢，右手攫之則左手廢。然而攫之者必有天下。』君能攫之乎？」昭僖侯曰：「寡人不攫也。」子華子曰：「甚善！自是觀之，兩臂重於天下也。身亦重於兩臂。韓之輕於天下亦遠矣！今之所爭者，其輕於韓又遠。君固愁身傷生以憂戚不得也。」僖侯曰：「善哉！教寡人者眾矣，未嘗得聞此言也。」子華子可謂知輕重矣！（《莊子·讓王》）

　　在疲憊困窘而衣食不保之時，饋贈無疑是雪中送炭，更何況是來自上者之贈。然而，當饋贈之利與生命發生衝突時，尊生、全生是毫不猶豫的唯一選擇。於是，人們看到，為了保護生命計，列子寧可守貧也不接受官粟。「兩臂重於天下」，身體乃至生命之重可想而知。在性命面前，疆土何足掛齒！國君之位令人垂涎，王子搜不是不為所動，而是不想「以國傷生」。由此看來，無論是名利、富貴、領土還是身份、地位均不足以與身家性命相提並論。尊生者自然不會以此害生。這些足以顯示出莊子對生命的珍視和愛惜。

　　事實上，莊子不僅是這樣看的，更是這樣做的。據載：

　　　　或聘於莊子，莊子應其使曰：「子見夫犧牛乎？衣以文繡，食以芻叔。及其牽而入於大廟，雖欲為孤犢，其可得乎！」（《莊子·列禦寇》）

　　見聘而不動心，惟莊子能之！

二、盡天年——追求自然長壽

　　尊重生命必然珍惜自己的壽命，不會因為各種因素損壽折壽。在這個層面上，莊子對長生表現出極大的興趣，把盡天年視為人生的圭臬。莊子力陳

天人之辨，告訴人可爲與不可爲，就是爲了讓人以人道隨天道，盡可能長久地享受自然的壽命，不使自己中道夭折或損壽害生。他指出：「知天之所爲，知人之所爲者，至矣！知天之所爲者，天而生也；知人之所爲者，以其知之所知以養其知之所不知，終其天年而不中道夭者，是知之盛也。」（《莊子·大宗師》）

在莊子的價值系統中，最高的智慧就是明察天人之辨，通曉天之所爲與人之所爲，在此基礎上用所知養不知以盡天年。換句話說，與側重人生哲學的思想導向一脈相承，莊子所講的知不是認識領域的認識或技術，而是人生領域的智慧。因此，知的最大作用不是探索自然的規律或剖析萬物之理，而是在通曉天道與人道的基礎上謀取長壽。莊子「盡天年」的思想隱藏的追求長壽的思想端倪，被道教所吸取和發揮，成爲道教長生久視思想之淵藪。不僅如此，莊子還創立了一套尊生長壽之方。這用莊子的話說便是：

> 至道之精，窈窈冥冥；至道之極，昏昏默默。無視無聽，抱神以靜，形將自正。必靜必清，無勞女形，無搖女精，乃可以長生。目無所見，耳無所聞，心無所知，女神將守形，形乃長生。慎女內，閉女外，多知爲敗。（《莊子·在宥》）

三、樂生——天樂和人樂

如果說尊生已經表明莊子不厭生的話，那麼，盡天年則在某種程度上暴露了好生的跡象。然而，問題到此並沒有結束，莊子還樂生——享受人生，以生爲樂。關於人生之樂，莊子寫道：「夫明白於天地之德者，此之謂大本大宗，與天和者也。所以均調天下，與人和者也。與人和者，謂之人樂；與天和者，謂之天樂。」（《莊子·天道》）

莊子所講的人生之樂包括天樂和人樂兩個方面。天樂具有形而上學的意蘊，是通過與道的交往——和順天道獲取的，與莊子人生哲學奠基於本體哲學之上一脈相承；天樂是人樂的本體前提和最高境界，莊子對此心馳神往、讚歎有加：

> 知天樂者，其生也天行，其死也物化。靜而與陰同德，動而與陽同波。故知天樂者，無天怨，無人非，無物累，無鬼責。故曰：其動也天，其靜也地，一心定而王天下；其鬼不祟，其魂不疲，一心定而萬物服。言以虛靜推於天地，通於萬物，此之謂天樂。天樂

者，聖人之心以畜天下也。(《莊子‧天道》)

聖也者，達於情而遂於命也。天機不張而五官皆備（五官具備而天然的神理不動，即安於自然的變化——引者注）。此之謂天樂，無言而心說。(《莊子‧天運》)

天樂如此重要而美妙，以至於聖人之所以成為聖人在某種程度上就是因為他們和順天道而得天樂。與此同時，得天樂樂趣無窮，可以心中充滿快樂，並與萬物一體。與天樂有別，人樂屬於人生哲學視界，卻是常人的境界。在這個意義上，人樂是莊子所講的人生之樂的主體部分。他一再指出：

古之得道者，窮亦樂，通亦樂，所樂非窮通也。道得於此，則窮通為寒暑風雨之序（變化的程序，意思是十分平常——引者注）矣。(《莊子‧讓王》)

無為可以定是非。至樂活身，唯無為幾存。(《莊子‧至樂》)

由於悟徹了人生皆道所為，窮通皆有定，人便不應對窮通抱有刻意的哀樂；滌除了主觀的好惡，便可以一切隨遇而安、隨遇而樂，臻於至樂。可以預見，無論對樂作何理解，如果人生有樂甚至可以至樂的話，人對生活還有什麼奢求！人對生活別無所求，那麼，人生的目標和價值也就實現了。這樣一來，人還有什麼不滿足的、不可不樂！

可以看出，莊子所追求的人生之樂不是——至少主要不是物質或生理享受，而是精神之樂。這是莊子超越現實、卓然脫俗的表現，也是他渴望精神自由的一個方面。

與惠施展開的濠上之辯濃縮了莊子對於生命的總體看法。《莊子》書曰：

莊子與惠子游於濠梁之上。莊子曰：「儵魚出遊從容，是魚之樂也。」惠子曰：「子非魚，安知魚之樂？」莊子曰：「子非我，安知我不知魚之樂？」惠子曰：「我非子，固不知子矣；子固非魚也，子之不知魚之樂，全（完全如此——引者注）矣！」莊子曰：「請循其本。子曰『汝安知魚樂』云者，既已知吾知之而問我。我知之濠上也。」(《莊子‧秋水》)

這則故事全息了莊子的養生之道，同時也暗示了莊子對人生之樂的肯定以及求樂之方：第一，魚和人都源於道的變化，都是物化的一個階段或一種形態，魚之樂與人之樂一樣，故而人（莊子）知魚（濠上而非涸溝中的）之樂。第二，人與魚得樂的方式相同——「相忘」。魚相忘於江湖則有魚之樂，

人相忘於道術則有人之樂。莊子是在濠上看到江湖中而不是涸溝中的魚而知魚樂的，因爲這時候的魚「出遊從容」。試想，這時的莊子看到涸溝裏的魚乾渴欲死，還在彼此相濡以沫，又該作何感想呢！第三，這則故事暗示人相忘乎道術與魚相忘於江湖是一樣的，人要向魚看齊或學習。在這裡，莊子對魚之樂的肯定便是對人之樂的暗示和隱喻：莊子肯定魚有樂，前提是他知樂。如果莊子根本就不知樂爲何物，那麼，即使人魚相通，即使是在濠上看到相忘於江湖、正在得樂之魚，恐怕也難知魚之樂了！正是基於此，莊子再三以魚示人，讓人實行淡若水的君子之交，在相忘於江湖、相造乎道術中享受人生之樂。

四、養生──淡泊無爲、避免害生

　　莊子人生哲學的立言宗旨就是保持自然的壽命而不至於中道夭折，從某種意義上說，這是追求長壽。正因爲如此，莊子的人生哲學以及處世之方都可以歸結爲如何避免傷生損性的頤養天年之方。具體地說，尊生、盡天年和樂生不僅體現了他對生命的態度和認定，而且本身就是養生的過程。不僅如此，爲了更好地尊生、盡天年和樂生，莊子十分注重生命的保養，並且設計了一套系統的養生之道。在這方面，莊子強調淡泊虛靜對於養生的重要性，並且斷言：「夫虛靜恬淡寂漠無爲者，天地之平而道德之至也。」（《莊子・天道》）在他那裡，只有使生活簡單化，才能拂去人生的虛幻和浮華，恢復人的本眞狀態，享受生活的樂趣。具體地說，人之生包括形與神兩個方面，莊子尤其重視養神的重要性。他聲稱：「執道者德全，德全者形全，形全者神全。神全者，聖人之道也。」（《莊子・天地》）依照莊子的說法，形全還不夠，必須神全。只有神全才是聖人之道。關於究竟如何養神，莊子指出：「純粹而不雜，靜一而不變，惔而無爲，動而以天行，此養神之道也。」（《莊子・刻意》）在此，莊子把思想的潔淨單純、靜謐無爲和行動的剔除有爲、順應天道視爲養神的根本方法加以推崇。

　　按照莊子的說法，養生與害生是一個問題的兩個方面，養生的前提或底線便是消除人生之害。這用莊子本人的話說便是：「善養生者，若牧羊然，視其後者而鞭之。」（《莊子・達生》）既然養生的底線是不害生，那麼，養生的第一步或前提條件就是免除人生之害。進而言之，人生之害爲何？養生的當務之急是免除哪些害生因素呢？對此，莊子的回答是：一曰名利，二曰情感，

三日刻意。

對於名利之害，莊子一再指出：

> 天下盡殉也：彼其所殉仁義也，則俗謂之君子；其所殉貨財也，則俗謂之小人。其殉一也，則有君子焉，有小人焉。若其殘生損性，則盜跖亦伯夷已，又惡取君子小人於其間哉！（《莊子・駢拇》）

> 伯夷死名於首陽之下，盜跖死利於東陵之上。二人者，所死不同，其於殘生傷性均也。奚必伯夷之是而盜跖之非乎？（《莊子・駢拇》）

在莊子看來，為仁義之名而死，世人視之為高尚、稱之為君子；為貨利而死，世人視之為卑鄙、稱之為小人——其間的榮辱差若雲泥。其實，從後果看，無論是為名還是為利而死，損生害性是一樣的。正因為如此，莊子疾呼不要為名利做無謂的犧牲而殉生害生。為此，他一面從養生的角度以養志、養形的名義號召人忘形、忘利以排擠利的位置，一面從道德哲學的高度以善的名義把保存天然本性寫進道德以正視聽：

> 故養志者忘形，養形者忘利，致道者忘心矣。（《莊子・讓王》）

> 吾所謂臧者，非所謂仁義之謂也，任其性命之情而已矣。（《莊子・駢拇》）

依據莊子的邏輯，養形必須忘利，養神必須忘名。因為名利與養生背道而馳、不共戴天，所以，善不是指仁義等道德之名而是指任其性命之實。

對於情感之傷身害生，莊子強調，心隨物而化、存有喜怒哀樂必然傷生損性。養生之道在於「無情」。對此，他指出：「吾所謂無情者，言人之不以好惡內傷其身，常因自然而不益生也。」（《莊子・德充符》）

關於刻意對人生的顛覆，莊子指出，人的任何有意作為都有損於天道，因此，養生的辦法是不對本性加以修飾，不對天道進行作為。下面的議論共同體現了莊子思想的這一精神實質：

> 若夫不刻意而高，無仁義而修，無功名而治，無江海而閒，不道引而壽，無不忘也，無不有也。淡然無極而眾美從之。此天地之道，聖人之德也。（《莊子・刻意》）

> 為善無近名，為惡無近刑，緣督以為經，可以保身，可以全生，可以養親，可以盡年。（《莊子・養生主》）

　　總之，按照莊子的邏輯，人只要拋棄名利的羈絆、情感的糾纏和刻意的干擾，一切恬淡無爲、無所不忘，就可以達到養生的目的，進而尊生、保身而盡天年以享人生之樂了。

第四節　莊子生命哲學的啓示和誤區

　　解讀莊子的生命哲學是一次奇妙的精神之旅，他對死亡的豁達和坦然、對名利的釋懷和淡泊都使人的心靈得到淨化，使人生境界得以提升。然而，在人的心靈變得輕鬆、釋然的同時，隱約會有人生冷漠甚至冷酷的感受，因爲莊子對生命的透視過於豁達而淪爲空虛了。這使對莊子的生命哲學加以一分爲二的分析和辯證的取捨成爲迫切的現實課題。

　　首先，可以肯定，莊子在談論生死物化時始終保持精神的獨立不化，心不隨物化的道德操守令人震撼和欽佩。莊子對生命哲學的界說有兩點引人注目：第一，把人的存在說成是生與死兩個方面，並要求人們平等對待——齊生死。第二，把人之生分爲形與神兩個方面，並要求人們區別對待——形隨物化、心卻不化。換言之，莊子對身死坦然自若，對心死卻十分在意。他強調：「夫哀莫大於心死，而人死亦次之。」（《莊子·田子方》）排除干擾、保持心靈的寧靜和安詳是莊子的一貫希冀，心不隨物化而死是衡量生之品質的一項重要指標。在他對理想人格——眞人的描述中，精神安靜、靈魂清靜——「其寢不夢，其覺無憂」（《莊子·刻意》）榜上有名。在人心浮躁、心靈擁擠的今天，莊子的這些論述令人神清氣爽。

　　人的生活模式取決於文化積澱和自我選擇的雙重作用。不同的人對生活模式有不同的選擇。這使生活模式呈現出因人因時因地而異的豐富多彩和主體差異，同時也表明了生活模式即使是對於同一個人而言，也具有無限的多樣性。有人嚮往驚險刺激，也有人追求榮華富貴。莊子卻向人提供了另一種選擇：平平淡淡、從從容容才是眞。他申訴：「樸素而天下莫能與之爭美。」（《莊子·天道》）本體哲學、價值哲學與審美旨趣三位一體，莊子最大的願望就是洗盡刻意的雕飾和華采，因循本性、回歸自然。剔除刻意和人爲，如嬰兒般純樸率眞，春秋冬夏衣食作止，一切都與自然融爲一體。這樣的人生逍遙自在、意得志滿，不枉此生、不虛此行。與此相關，莊子夢中的理想生活和道德之鄉是這樣的：「余立於宇宙之中，冬日衣皮毛，夏日衣葛絺。春耕

種，形足以勞動；秋收斂，身足以休食。日出而作，日入而息，逍遙於天地之間，而心意自得。」（《莊子・讓王》）

其次，毋庸諱言，莊子的人生哲學帶有濃厚的宿命論色彩。具體地說，與所謂的逍遙、豁達和從容相伴隨的，是莊子對待生死的無動於衷。他不僅認為人生是受動的，而且在肯定這種被動狀態的基礎上聽之任之。因此，他一再強調：

> 死生，命也。……人之有所不得與，皆物之情也。（《莊子・大宗師》）

> 達生之情者，不務生之所無以為；達命之情者，不務知之所無奈何。（《莊子・達生》）

循著這樣的邏輯，莊子不僅不為生命的跳躍所動，不為生死所牽，而且宣稱對生死的放任是道德修養的體現。對此，他如是說：

> 自事其心者，哀樂不易施乎前，知其不可奈何而安之若命，德之至也。（《莊子・人間世》）

> 知不可奈何而安之若命，唯有德者能之。（《莊子・德充符》）

按照莊子的看法，死生都屬於人無能為力之域，所以，人們對之只能聽之任之、無可奈何了。對於自己的生死存在不僅在行動上視而不見、放任自流，而且在思想上和意識中不動感情，置若罔聞。面對這樣的態度和做法，即使不排除站在道的高度的高屋建瓴的審視和氣魄，其中的悲觀論調也不言而喻。

與此同時，莊子養生、尊生和盡天年之方流露出不可掩飾的消極情緒，這方面的例子比比皆是。例如，莊子保持心靈純淨、不為物化的方法不是面對現實，而是大隱隱於世的精神逃避。換言之，莊子不贊成隱居山林或拒絕與當權者合作的與世隔絕，卻主張在不做隱士而群於人中與世無爭，甚至明哲保身以求活命。《莊子》中的這則寓言流露出莊子的這一意圖：

> 予嘗言不死之道。東海有鳥焉，其名曰意怠。其為鳥也，翂翂翐翐，而似無能；引援而飛，迫脅（偎依，擠在群鳥中間——引者注）而棲；進不敢為前，退不敢為後；食不敢先嘗，必取其緒。是故其行列不斥，而外人卒不得害，是以免於患。直木先伐，甘井先竭。（《莊子・山木》）

交往中的謙讓是一種美德，而創新或冒險是人類進步的動力源泉和必由

之路。莊子在此爲人開出的養生秘方是混跡人群之中，以不先不後免於禍患。試想，如果人人都爲了自我保全而不出頭露面，無疑會延緩人類進化的步伐。在這個意義上，競爭、冒險和勇於爲人之先需要足夠的勇氣，也是一種無可置疑的美德。人類要感謝那些第一個吃螃蟹的人。在這方面，莊子的自衛措施令人置疑。更有甚者，莊子對待人生的看法和態度時常流露出意志消沉、甚至頹廢的傾向。其中，最集中的表現就是以無用應對世態。《莊子》記載：

> 惠子謂莊子曰：「子言無用。」莊子曰：「知無用而始可與言用矣。夫地非不廣且大也，人之所用容足耳，然則廁足而墊之致黃泉，人尚有用乎？」惠子曰：「無用。」莊子曰：「然則無用之爲用也亦明矣。」（《莊子·外物》）

眾所周知，道無爲而無不爲、於無用中有大用的思想，老子早已有之。莊子繼承了這一思維方式的同時，使之側重於實際操作。具體地說，在莊子這裡，無用之用不再像老子那樣是基於有無之辨的智慧和策略，而成爲養生之道和處世之方。在這裡，莊子對生與用的關係做了對立理解，強調有所可用必然害生。於是，他寫道：

> 夫豐狐文豹，棲於山林，伏於岩穴，靜也；夜行晝居，戒也；雖饑渴隱約，猶且胥疏於江湖之上而求食焉，定也。然且不免於罔羅機辟之患，是何罪之有哉？其皮爲之災也。（《莊子·山木》）

循著這個邏輯，莊子得出了如下結論：「山木，自寇也；膏火，自煎也。桂可食，故伐之；漆可用，故割之。人皆知有用之用，而莫知無用之用也。」（《莊子·人間世》）在他看來，山木有用——可以燒火，故而被人所砍；桂樹有用——可以食用，故而遭致人伐。從這個意義上說，山木、桂樹遭到砍伐是自作自受——自己的用途在作祟。既然有用就要害生，那麼，爲了尊生全生、頤養天年，就不能有用。

爲了進一步說明無所可用才能實現大用——全生、盡天年的道理，除了《山木》篇「莊子行於山中，見大木，枝葉盛茂。伐木者止其旁而不取也。問其故，曰：『無所可用。』」（《莊子·山木》）的記載之外，《莊子·人間世》連用三個大樹無用而盡天年的例子加以強調和說明。下擷取其一：

> 匠石之齊，至於曲轅，見櫟社樹。其大蔽數千牛，絜之百圍，其高臨山十仞而後有枝，其可以爲舟者旁十數。觀者如市，匠伯不顧，遂行不輟。弟子厭觀之，走及匠石，曰：「自吾執斧斤以隨夫子，

未嘗見材如此其美也。先生不肯視，行不輟，何邪？」曰：「已矣，勿言之矣！散木也。以爲舟則沉，以爲棺槨則速腐，以爲器則速毀，以爲門戶則液樠，以爲柱則蠹，是不材之木也。無所可用，故能若是之壽。」

匠石歸，櫟社見夢曰：「女將惡乎比予哉？若將比予於文木邪？夫柤梨橘柚果蓏之屬，實熟則剝，剝則辱。大枝折，小枝泄。此以其能苦其生者也。故不終其天年而中道夭，自剖擊於世俗者也。物莫不若是。且予求無所可用久矣！幾死，乃今得之，爲予大用。使予也而有用，且得有此大也邪？且也若與予也皆物也，奈何哉其相物也？而幾死之散人，又惡知散木！」（《莊子·人間世》）

通過大樹無所可用、不能被社會利用而避免中道夭折的實際例子，莊子吐露了不爲社會效力、寧做閒散人員也不服務於社會的混世態度。這是一種頹廢心態。更離奇和不可思議的是，爲了達到無用而用的目標，爲了不被社會所用，莊子不僅讓人支離其形，而且唆使人支離其德。他說：「支離疏者，頤隱於臍，肩高於頂，會撮指天，五管在上，兩髀爲脅。挫針治繲，足以餬口；鼓筴播精，足以食十人。上徵武士，則支離攘臂而遊於其間；上有大役，則支離以有常疾不受功；上與病者粟，則受三鍾與十束薪。夫支離其形者，猶足以養其身，終其天年，又況支離其德者乎！」（《莊子·人間世》）以自殘的方法養生、以殘缺的辦法保全來盡天年，莊子的這齣苦肉計不僅出手狠，而且近於殘酷。況且如果眞的得逞，這樣的殘疾、殘缺之人對人對己對社會又有什麼用呢？如此說來，通過這種做法不是無用而大用，而是完完全全的無用眞無用了。事已至此，可以肯定，如果說莊子以無用應對人生流露出不思上進的頹廢心態的話，那麼，他不惜以自殘甚至精神自殘或嚮往殘疾的方式保全性命的做法則難免自暴自棄、自甘墮落之嫌。

其實，莊子對人生的悲觀、消極、頹廢乃至墮落心態歸根結底都源於他對人生缺乏辯證而平和的心態。魯迅評價說，莊子有著嬰兒吵著要天上月亮般的天眞。在莊子那裡，當這種願望沒有實現、由天眞而來的幼稚會對月亮乃至整個星空由愛生恨，進而視朗夜爲黑暗，視星空爲虛無。具體地說，天若有情天亦老，月若無恨月常圓。天地能夠長久是因爲其無情，月亮有陰缺是因爲擺脫不了恨的羈絆。愛恨情仇拖累了人生，使人無暇觀賞一路上的好風景。擺脫感情的桎梏，人生將是另一番滋味。這是莊子的生命哲學留給人

的啓示。細細品味，莊子對待人生的態度貌似豁達，實則不是。人生百味，酸甜苦辣鹹五味俱全。苦樂參半、憂喜相隨。人們總愛說不經歷風雨怎能見彩虹。然而，對於彩虹與風雨的關係，可以肯定的只是彩虹總在風雨後——沒有風雨就沒有彩虹。正如沒有耕耘就沒有收穫一樣，卻永遠不能肯定風雨之後一定出現彩虹——誰能保證自己的付出一定能種瓜得瓜、種豆得豆呢！其實，經歷了風雨而沒有見到彩虹也沒有必要讓上帝爲承諾買單——或者說當初就沒有誰爲人的生命許下過諾言。如果用心去感受，耕耘的過程也是一種享受。人就應該自己爲自己負責。彩虹就在心中，或者說心中的彩虹最美麗、絢麗，也最眞實、可靠。人生因爲有夢而美麗，因苦難而精彩。給孩子洗澡不錯，但不能連孩子一起把洗澡水倒掉。對人生的風雨苦難視而不見、避而不談顯然不是明智之舉，但不能因此而全盤否認人生的美麗。避免人生不受干擾是對的，但藉口人生有痛就放棄對人生幸福的追求卻是缺少辯證態度的做法和表現。

第十一章　莊子的交往哲學

　　提起莊子，人們的評價通常是冷漠清高、厭惡交往，甚至視之爲厭世避世的典型。其實，這是對莊子的誤解——一方面，莊子論述交往時流露的清高和孤傲是以道爲本的本體哲學爲交往哲學印上的先天胎記，冷漠、清高不是對交往之冷漠而是交往方式之清高。另一方面，莊子並不主張隱居山谷的遁世或從根本上拒絕與當權者交往，樂於並善於與交往者相與爲友。鑑於學術界對莊子的誤解和莊子從本體哲學、人生哲學的高度對交往進行了廣泛探討，搜索和分析莊子的交往哲學，在走進莊子內心世界的同時，既有利於透視他基於大道的豁達胸襟和領略其對人世的寬容態度，又對調解當代人與自然、人與人之間的關係失調、緩釋人的內心精神的緊張大有裨益。

第一節　人們對莊子的誤解和《莊子》對莊子學說的概括

　　學術界之所以斷言莊子厭惡交往，主要基於兩個證據：一是避世厭世，一是不與當權者合作。有鑑於此，有必要對這兩個論據做進一步的分析，以便接近眞實的莊子，解讀莊子的眞正意圖。

　　首先，學術界認定莊子避世厭世的證據是與世隔絕，即莊子嚮往相忘於江湖的人際關係、主張淡若水的君子之交以及與老子一樣渴望「民至老死而不相往來」。總的說來，這些證據源於《莊子》書中的如下記載：

> 相濡以沫，不如相忘於江湖。(《莊子·大宗師》)
>
> 君子之交淡若水，小人之交甘若醴。(《莊子·山木》)

> 子獨不知至德之世乎？昔者容成氏、大庭氏、伯皇氏、中央氏、栗陸氏、驪畜氏、軒轅氏、赫胥氏、尊盧氏、祝融氏、伏犧氏、神農氏，當是時也，民結繩而用之。甘其食，美其服，樂其俗，安其居，鄰國相望，雞狗之音相聞，民至老死而不相往來。若此之時，則至治已。（《莊子·胠篋》）

值得注意的是，這些紀載說明了什麼？能夠證明學術界對莊子的評價言之鑿鑿、有理有據嗎？回答是否定的。這些引文在向人展示莊子交往觀的同時，流露出莊子對交往的重視和關注。具體地說，用不著過多地聯繫上下文就可知道，莊子所講的「相忘於江湖」和「淡若水」不是讓人不去交往，而是在傳授交往之方。只有重視和關注交往才能談得上如何交往。因此，憑此斷言莊子漠視甚至拒絕與人交往、有隱遁之心，純屬對莊子的誤會。

莊子所謂的「民至老死而不相往來」是基於復古主義情結對遠古至德之世的描繪和回憶，並非對當今現實的希望，或對未來社會的憧憬。為了說明這一點，莊子在具體描述之前開宗明義地使用了「昔者」這一表示過去的詞彙引起注意，而文中的「是時」、「此之時」之「是」和「此」皆指「昔者」而非指今日。對於「民至老死，不相往來」，《老子》是這樣記載的：「小國寡民，使有什佰之器而不用，使人重死而不遠徙。雖有舟車，無所乘之；雖有甲兵，無所陳之。使民復結繩而用之。甘其食，美其服，樂其俗，鄰國相望，雞狗之聲相聞，民至老死，不相往來。」（《老子·第 80 章》）這表明，老子的「民至老死，不相往來」是對理想的「小國寡民」社會的設想。同時，遷徙、走動是交往的前提條件，舟車架起了交往的橋樑、使交往變得快捷、便利和輕而易舉。在這個意義上，老子「雖有舟車，無所乘之」的設想印證了他希望「民至老死，不相往來」的初衷。莊子的「民至老死，不相往來」與老子有不可否認的淵源關係，他的本意和內涵與老子卻不可同日而語。因此，憑這一點斷言莊子拒絕交往，理由是不充分的。

其次，學術界斷言莊子拒絕與當權者合作的證據，主要基於如下記載：

> 或聘於莊子，莊子應其使曰：「子見夫犧牛乎？衣以文繡，食以芻叔。及其牽而入於大廟，雖欲為孤犢，其可得乎！」（《莊子·列禦寇》）

對於這則故事，人們往往死死盯住莊子拒絕受聘這一事實不放，而不去探究這一現象背後的深層原因。其實，不用做深入調查便會發現，莊子生不

逢時——「處昏上亂相之間」，無官一身輕已經身心疲憊，當官該是何等性命堪憂。「衣以文繡，食以芻叔」的錦衣美食並非不欲，由於不願做「犧牛」，莊子只好選擇了獨守清貧、棄官不做。事實上，《莊子》書中直接記錄了莊子與當權者的交往：「莊周家貧，故往貸粟於監河侯。」（《莊子·外物》）儘管結局是借貸未果，然而，透過莊子向監河侯借貸的事實可以看出，莊子並不特別拒絕或迴避與當權者來往。

其實，與各種判斷和傳聞出入很大的是，莊子並不贊成與世隔絕的避世厭世或與當權者決裂的做法，同時指出這些不是得道之人的明智之舉。他聲稱：「夫流遁（逃避現實——引者注）之志，決絕（與當政者決裂——引者注）之行，噫，其非至知厚德之任與！……夫尊古而卑今，學者之流也。且以狶韋氏之流觀今之世，夫孰能不波！唯至人乃能遊於世而不僻，順人而不失己。」（《莊子·外物》）

由此可見，莊子對現實不滿，明知自己「今處昏上亂相之間而欲無憊，奚可得邪？」（《莊子·山木》），卻沒有因此而消極厭世乃至暗藏隱退之心。不僅自己不做隱士，莊子還一面對隱士面壁山林、逃避世俗的為人處世之方含有微辭，一面對聖人「遊於世」的養生之道倍加稱讚。《莊子》寫道：

> 開之曰：「……善養生者，若牧羊然，視其後者而鞭之……魯有單豹者，岩居而水飲，不與民共利，行年七十而猶有嬰兒之色，不幸遇餓虎，餓虎殺而食之。有張毅者，高門縣薄，無不走也，行年四十而有內熱之病以死。豹養其內而虎食外，毅養其外而病攻其內。此二子者，皆不鞭其後者也。」仲尼曰：「無入而藏（深深地隱藏起來——引者注），無出而陽（過於出頭露面——引者注），柴立其中央。」（《莊子·達生》）

在莊子看來，隱遁修行或許可以收到一些效果——如「行年七十而猶有嬰兒之色」即保持身體的年輕狀態等，但是，隱遁修行的養生之道對於人們來說不是最重要的。正是因為這個道理，單豹面壁養生的最終下場與四處鑽營、暴病而死的短命鬼——張毅並沒有什麼兩樣。這表明，養生如牧羊，關鍵在於杜絕後患，從根本上解決問題。按照莊子的說法，人養生全生的途徑只有一個，那就是浪跡人群之中，採取恰當的手段和方法與人進行交往。這再次表明，莊子絕無遁世之念，而是極力反對隱遁山林的棄世厭世；莊子不贊成與當權者決裂的極端做法，拒絕當官是基於當時政治環境昏暗的全生之策。

　　總之，學術界對莊子拒絕或厭惡交往的判斷與不瞭解莊子的交往態度和交往方法密切相關。其實，在所列舉的莊子拒絕交往的證據中，即隱涵著莊子的交往原則和方法。換言之，如果把這些證據不僅僅看作是莊子對於交往的態度，而且視為交往的原則和方法的話，那麼，莊子肯定或關注交往便會隨即成為上述論據的題中應有之義。

　　《莊子・天下》篇對莊子學說的介紹和概括即突出了莊子對交往的重視和關注，與我們的判斷不謀而合。遺憾的是，研究者歷來對此熟視無睹，缺乏應用的重視，由此導致了對莊子學說的錯誤評價。有鑑於此，有必要對《莊子》的介紹做一回顧：

> 　　寂漠無形，變化無常，死與？生與？天地並與？神明往與？芒乎何之？忽乎何適？萬物畢羅，莫足以歸。古之道術有在於是者，莊周聞其風而悅之……獨與天地精神往來，而不敖倪於萬物。不譴是非，以與世俗處。其書雖瑰瑋，而連犿無傷也。其辭雖參差，而諔詭可觀。彼其充實，不可以已。上與造物者遊，而下與外死生、無終始者為友。其於本也，弘大而辟，深閎而肆；其於宗也，可謂稠適（調和——引者注）而上遂矣。雖然，其應於化而解於物也，其理不竭，其來不蛻，芒乎昧乎，未之盡者。（《莊子・天下》）

　　在這短短二、三百字的介紹中，可以發現兩個明顯的問題：第一，最為搶眼的是，一再使用諸如「與……往來」、「與……處」、「與……遊」和「與……為友」等表示交往的字眼和詞彙。更加意味深長的是，這些語句是重複——精確地說是兩次使用的。這不僅突出了莊子對交往的重視和關注，而且證明了早在《莊子》那裡，已經體悟到交往是莊子思想的核心話題、交往哲學在莊子整個思想中占居重要位置。事實證明，體悟這一點，對於理解莊子哲學的邏輯構架和有別於老子哲學的獨到之處具有提綱挈領之效。第二，從交往的對象來看，莊子的交往哲學分為兩個方面，代表著兩個不同的交往層次和境界：一是人與道的交往，一是人與人的交往。針對這兩種層次和境界，《莊子・天下》篇在兩次提起交往時都分別指出了不同的對象：一次是「天地」與「世俗」對舉，一次是「外死生、無終始者」（指人——至少指一部分人，表明了莊子擇友的品味和謹慎）緊隨「造物者」之後。人與道的交往側重於本體領域和人的先天本質，屬於自由的精神世界；人與人的交往則側重於人生哲學和人的後天存在，側重現實的世俗世界。

第二節　交往的基本原則和方式方法

莊子明確反對遁世厭世和故意不與當權者合作等對待交往的極端做法，勸導人們進行交往，並從以道爲本、天道無爲的基本邏輯和致思方向出發，建構了自己的交往哲學。

莊子所講的交往包括人與道和人與人兩個層次或方面。從「天道無爲而尊」出發，基於素樸的美學旨趣和價值取向，莊子強調在人與道的交往中與天和是交往的最高原則和理想境界。對此，他宣稱：「樸素而天下莫能與之爭美。夫明白於天地之德者，此之謂大本大宗，與天和者也。所以均調天下，與人和者也。與人和者，謂之人樂；與天和者，謂之天樂。」（《莊子·天道》）在他看來，道寂寞清靜、無爲而無不爲，正是這種樸素的品質使道成爲宇宙本體。可見，樸素爲天下之至美——正如道的無不爲是由於其無爲一樣，正是道的無形成就了道的形形，正是道的無物成就了道的物物。進而言之，由於天道主、人道臣，人必須效法道的樸素。樸素貫徹和反映在人道以及人的交往中便是和。和適用於一切交往行動，無論是在人與道還是在人與人的交往中，人都應該以和爲標準和原則、追求和的境界。因爲只有依循和的原則，人才能在交往中不傷身、不損性，臻於和順、全生乃至和樂。有鑑於此，莊子斷言：「聖人處物不傷物。不傷物者，物亦不能傷也。唯無所傷者，爲能與人相將迎。」（《莊子·知北遊》）

毫無疑問，聖人在交往中之所以能遊刃有餘、揮灑自如——既「與人相將迎」又不傷物或爲物所傷，是因爲聖人因循了和順的交往原則。從實質內容和行爲原則來看，莊子所講的能夠既不傷物又不爲物所傷的和不僅來源於樸素，而且蘊涵和貫穿著樸素的原則。所謂樸素，質而言之，就是不主觀作爲、一切任其本性之自然。在這個意義上，素樸就是「無欲」，二者是一個意思。莊子指出：「同乎無欲，是謂素樸。素樸而民性得矣。」（《莊子·馬蹄》）

莊子強調，如果交往不能保持「無欲」的素樸狀態而刻意或用心，往往會事與願違。結果是不僅達不到眞誠交往的目的，反而會遭遇意想不到的惡果。《莊子》中有這樣一則寓言：

> 南海之帝爲儵，北海之帝爲忽，中央之帝爲渾沌。儵與忽時相
> 與遇於渾沌之地，渾沌待之甚善。與忽謀報渾沌之德，曰：「人皆有
> 七竅以視聽食息。此獨無有，嘗試鑿之。」日鑿一竅，七日而渾沌
> 死。（《莊子·應帝王》）

　　不難看出，渾沌之死對於渾沌是個悲劇，也大大出乎儵和忽的預料。在此，儵和忽與渾沌的交往本身並沒有錯，開始也收到了一定的好的效果，以至於儵和忽都覺得「渾沌待之甚善」。這樣的交往之所以美好，是因爲這時的「儵與忽時相與遇於渾沌之地」——時不時地、無意間地不期而遇，其間的交往不夾雜任何人爲和刻意。後來的悲劇和交往的終止在於交往中夾雜了刻意的成分和因素——謀和報。由於有了故意的預謀和恩德的回報，交往的本性喪失，於是出現了始料不及的後果。此外，這則寓言也傳遞了在交往中必須尊重他人個性的信息。試想，如果南海和北海之帝不是以渾沌無七竅爲不足而是像相與爲友的子祀、子輿、子梨和子來那樣，無論對方長相如何或變得如何面目猙獰、外貌醜陋都任其自然的話，悲劇還會發生嗎？

　　值得注意的是，莊子認爲，交往不是可有可無的，而是必須的。當然，這個交往包括人與道和人與人兩個方面和層次，並且在理論和抽象的意義上，兩個層次的交往對於人而言缺一不可、是一個問題的兩個方面。然而，在具體操作和生存層面，人與人的交往尤其突出和迫切。這是因爲：第一，人與道的交往要在人與人的交往中得以具體貫徹和實施。不僅人與人的交往要以人與道的交往爲思想前提和參照座標，而且人與人的交往本身即蘊涵和滲透著人與道的交往。第二，如果說在物化顯現人形之後人與道的交往主要是滿足人的精神自由、是一種神交心遊的話，那麼，人與人的交往則兼有全生和全神的雙重功效。有鑑於此，莊子的交往哲學不僅講到了人與道的交往，而且——準確地說著重闡述了人與人的交往。作爲人與道的交往的具體貫徹，人與人的交往遵循人與道交往的基本原則——如和順、素樸和無欲等。除此之外，人與人的交往尤其應注意如下幾個方面：

　　首先，莊子指出，人只有浪跡於人群之中才能保全自己的性命，群是人生存和交往的前提條件。對此，他借一個寓言指出：

> 予嘗言不死之道。東海有鳥焉，其名曰意怠。其爲鳥也，翂翂
> 翐翐，而似無能；引援而飛，迫脅而棲；進不敢爲前，退不敢爲後；
> 食不敢先嘗，必取其緒。是故其行列不斥，而外人卒不得害，是以
> 免於患。直木先伐，甘井先竭。（《莊子·山木》）

　　在寓言中，莊子借鳥喻人暗示：人必須與群體聯爲一體，在與他人（同類）的交往中生存；人如果離開群體和他人（同類）的掩護或依託，就會被外族（異類）所害，不免於患。基於這一理念，莊子疾呼「群於人」，把「群

於人」、「遊於世」視爲人與人交往的第一要義。

先秦時期，除了道家，儒家也有一定的人類觀念和群體意識。例如，面對他人的責難和諷刺，孔子說：「鳥獸不可與同群，吾非斯人之徒與而誰與？」（《論語・微子》）儘管與他人交往很艱難，時時伴有誤解和難以溝通，孔子還是抱定「知其不可而爲之」的堅定信念對基於群體觀念的與人交往決不言敗。荀子認爲「能群」對人的本質力量的確證至關重要，正是「能群」增強了人類的能力，使人類最終戰勝萬物成爲宇宙之最貴。對此，他寫道：「凡生乎天地之間者，有血氣之屬必有知，有知之屬莫不愛其類。」（《荀子・禮論》）不言而喻，作爲天地之貴，人之愛類是萬物不可比擬的。正是愛類使人能群，正是能群造就了人區別於萬物的本質。對此，荀子指出：「水火有氣而無生，草木有生而無知，禽獸有知而無義；人有氣、有知，亦且有義，故最爲天下貴也。力不若牛，走不若馬，而牛馬爲用，何也？曰：人能群，彼不能群也。人何以能群？曰：有分。分何以能行？曰：義。有義，故爲天下貴也。」（《荀子・王制》）

道家和儒家的論述奏出了相同的弦外之音：對群體的依賴決定了人從根本上不能游離於群體之外，而必須與群體之內的人進行溝通和交往。在這方面，儒家推崇仁義與道家詆毀仁義一樣，都是爲了群於人的交往需要。具體地說，儒家和道家都以「和」爲最高的交往境界和交往原則，對交往意義和目的的不同理解注定了兩家之「和」的本質區別：儒家之和指以「君君，臣臣，父父，子子」（《論語・顏淵》）爲核心的上下等級尊卑，道家之和指拋棄人爲的素樸、無欲、無爲。前者需要禮的調節和參與，即所謂的「禮之用，和爲貴，……知和而和，不以禮節之，亦不可行也」。（《論語・學而》）後者排除禮的干預，斷言禮是「道之華而亂之首」。所以，才有儒、道兩家爲了交往而崇仁義與絕仁義的同途殊歸。

人必須「群於人」才能生存是中國古代哲學注重人際關係的理論前提，也是理解莊子交往哲學的不二法門。莊子所講述的關於不死之道的寓言即透露出這樣的信息：爲了生存全性必須與人交往，爲了更好地群於人就不要逞強、好勝或逞能，爲了不過於張揚就要折衷取中。莊子的這一交往原則與上面的「柴立其中央」是一個意思。

其次，莊子設想，爲了更好地群於人，達到交往的最佳狀態，必須「無情」。對此，他如是說：「有人之形，無人之情。有人之形，故群於人；無人

之情，故是非不得於身。眇乎小哉，所以屬於人也；謷乎大哉，獨成其天。」
（《莊子・德充符》）在此，莊子的交往訣竅是「有人之形」而「無人之情」。
作為道的傑作，人之形是物化的結果或一個階段，更是人無能為力也不應加
以計較的。人之情卻使人生出是非、好惡和事端。因此，莊子把人分成形與
情兩個部分，然後區別對待。在他看來，人之形使人找到了自己交往和安身
立命的同伴，使人群於人。儘管人的形體使人顯得渺小和卑微，然而，對人
之情的超越卻可以使人直接與道交往來彌補這個缺陷，因此成為偉大和崇高
的存在。在這裡，交往的關鍵不僅在於對人之形的淡然處之，而且在於對人
之情的超越，即達到「無情」的境界。對於「無情」，莊子解釋說：「吾所謂
無情者，言人之不以好惡內傷其身。」（《莊子・德充符》）由此可見，所謂「無
情」就是好惡不存於心，心中沒有情感和智巧之念。在這個意義上，「無情」
的一個重要方面就是「無知」。對此，莊子強調：「同乎無知，其德不離。」（《莊
子・馬蹄》）不難想像，「無情」、「無知」與上面的「順人而不失己」和「柴
立」走到了一起。具體地說，前者是後者的內在要求，只有如此才能真正做
到後者。

再次，莊子強調，刻意與素樸、無情、無知等背道而馳，在人與人的交
往中要保持素樸、無情和無知就不能刻意。基於這種認識，為了完全從根本
上杜絕刻意，他推崇「淡若水」的交往模式：「君子之交淡若水，小人之交甘
若醴。」（《莊子・山木》）

依據莊子的邏輯，君子之交滌除了是非恩怨的糾葛和情感好惡的拖累，
尤其不受外在禮節的羈絆，所以顯示出「淡若水」的平淡和自然。在具體貫
徹和實際操作中，莊子所謂的樸素、和順的交往原則就是擯棄外在的繁文縟
節、拋棄一切虛偽的桎梏和束縛，以盡顯交往的本色和本性。因此，莊子強
調，最大的刻意就是仁義特別是禮，仁義和禮的存在產生了虛偽，對素樸造
成了極大的危害和破壞。對於仁義和禮給交往帶來的破壞作用，莊子揭露說：

> 道不可致，德不可至。仁可為也，義可虧也，禮相偽也。故曰：
> 「失道而后德，失德而後仁，失仁而後義，失義而後禮。」禮者，
> 道之華而亂之首也。（《莊子・知北遊》）

按照莊子的說法，道和德都不是故意而為的，仁義、禮的存在恰恰暴露
了本性的喪失和人性的虛偽；人只有擺脫了禮、仁和義，才能道德完滿，真
正實現本真和率性的交往。為了闡明這個道理，莊子舉例說：「蹍市人之足，

則辭以放鶩，兄則以嫗，大親則已矣。故曰：至禮有不人（不當作別人——引者注），至義不物（不當一回事——引者注），至知不謀，至仁無親（不分親疏——引者注）。」（《莊子・庚桑楚》）在莊子所舉的例子中，面對路人、兄和親三個交往對象，同樣是踩腳這件事，關係越近、感情越篤，表現出來的禮節越淡、形式越少。這表明，交往的實質是感情的真誠而不是禮節的繁簡。《莊子》中的一則故事更加令人玩味：

> 老令聃死，秦失弔之，三號而出。弟子曰：「非夫子之友邪？」曰：「然。」「然則弔焉若此可乎？」曰：「然。始也吾以為其人（一般人——引者注）也，而今非也。向吾入而弔焉，有老者哭之，如哭其子；少者哭之，如哭其母。彼其所以會之，必有不蘄言而言，不蘄哭而哭者。是遁天倍情，忘其所受（所稟受的本性——引者注），古者謂之遁天之刑。」（《莊子・養生主》）

按照莊子的標準，秦失是善於交往的典範。當朋友永遠地離自己而去時，人焉能不悲痛萬分？秦失理解、懂得交往的真諦和精髓——精神交往，不拘泥於禮節，交往貴在真誠，不失本性。如此說來，朋友去世自己前去弔唁時，做到真誠就可以了。而老者、少者之所以「如哭其子」或「如哭其母」，並非動了真情，而是「有不蘄言而言，不蘄哭而哭」，這種帶有做秀、表演痕跡的做法充斥著虛偽和做作。

最後，莊子強調，為了真正失仁棄義絕禮必須「兩忘」。所謂「兩忘」，重要內容之一或第一步就是「忘是非」。他堅信：「相濡以沫，不如相忘於江湖。與其譽堯而非桀也，不如兩忘而化其道。」（《莊子・大宗師》）

循著莊子的價值取向和思維邏輯，與其在交往中以是非觀念予人以譽毀榮辱而遭致糾纏和恩怨，不如忘卻是非、隨和道的變化。基於此，他推出了聖人的交往原則供人們傚仿：「是以聖人和之以是非而休乎天鈞，是之謂兩行。」（《莊子・齊物論》）

不難看出，莊子「忘是非」、「休乎天鈞」的觀點與《莊子・天下》篇對他的評價和認定——「不譴是非，以與世俗處」正相吻合。進而言之，由於「忘是非」是「兩忘」的第一步和基礎，僅僅做到「忘是非」還不夠。除此之外，「兩忘」還包括忘人我、忘親直至無所不忘等內容和要求。具體地說，忘人我的關鍵在於忘我，做「忘己之人」。對此，《莊子》申明：「忘乎物，忘乎天，其名為忘己。忘己之人，是之謂入於天。」（《莊子・天地》）

按照莊子的想像，「忘己之人」完全彌合了是非，因而進入了忘卻是非、物天和人我的境地。因此，「忘己之人」在交往中不僅忘己、忘人，而且能夠忘親。於是，《莊子》中出現了這樣的故事：

> 曾子再仕而心再化，曰：「吾及（養——引者注）親仕，三釜而心樂；後仕，三千鍾而不洎（ji，及、到——引者注），吾心悲。」弟子問於仲尼曰：「若參者，可謂無所縣（通懸，繫、受累，指受到利祿的牽累——引者注）其罪乎？」曰：「既已縣矣！夫無所縣者，可以有哀乎？彼視三釜、三千鍾，如觀雀蚊虻相過乎前也。」（《莊子‧寓言》）

這就是說，在莊子的視界中，曾子雖然擺脫了功名利祿的桎梏，但是，他卻不能忘親。因此，曾子難以在交往中掙脫牽累。親是人的至愛，也是人的最大牽累。人如果能夠「忘親」，便可臻於無所不忘的自由境界。

其實，在莊子那裡，忘是非、忘物天、忘己、忘人、忘親乃至無所不忘的「兩忘」境界歸根結底就是「相忘乎道術」。對此，他寫道：

> 魚相造乎水，人相造乎道。相造乎水者，穿池而養給；相造乎道者，無事而生定。故曰：魚相忘乎江湖，人相忘乎道術。……畸人者，畸於人而侔於天。故曰：天之小人，人之君子；人之君子，天之小人也。（《莊子‧大宗師》）

在莊子看來，魚的生命是水給的，人的生命是道給的。只有相忘於江湖，魚才能得水而樂；只有相忘於道術，人才能得道而生。有鑑於此，莊子再三告訴人「畸於人而侔於天」——齊於天而不是齊於人，因為天（天道）與人（人事）的標準和法則正相反，在交往中為己為人著想就會破壞道之自然。循著這個邏輯，交往只能忘己、忘人、忘親乃至無所不忘。正因為如此，莊子始終強調，人在交往中「兩忘而化其道」——忘卻人我是非、因循天道的變化。

進而言之，莊子所講的忘是非、忘人我以至於忘親的「兩忘」境地是和順、素樸的基本原則在人與人的交往中的具體表現。人只有，因循和順、素樸原則，才能從根本上實現無所不忘。莊子堅信：「若夫不刻意而高，無仁義而修，無功名而治，無江海而閒，不道引而壽，無不忘也，無不有也。淡然無極而眾美從之。此天地之道，聖人之德也。」（《莊子‧刻意》）

在滌除了刻意的淡泊、素樸狀態中，人與世無爭，不被是非名利所累，不受仁義恩怨所牽，不為毀譽榮辱所動，完全超凡脫俗、自如自在。無所不

忘，卻又無不擁有。這便是莊子嚮往的生存方式和交往目的。莊子的這一主張在其至德之世的藍圖中得到體現：「至德之世，不尙賢，不使能，上如標枝，民如野鹿。端正而不知以爲義，相愛而不知以爲仁，實而不知以爲忠，當而不知以爲信，蠢動而相使不以爲賜。」（《莊子・天地》）

　　上不以賢能爲使，下不以仁義忠信爲尙；上如枯枝無心無爲而治，下如野鹿蠢動率性而行。如此一來，上與下都在「侔於天」和「群於人」中端正、相愛、誠實而適當。然而，這一切都不是強力而爲得來的。這是莊子心儀的理想社會，也是最佳的人際關係和交往方式。毫不誇張地說，莊子所有的交往原則和交往方法都是爲了達此目的而設立的。

　　總之，上面的介紹和分析顯示，和順、素樸、無欲、無情、無知和兩忘等構成了莊子交往哲學的主體框架和基本內容。這些基本原則和方式方法貫徹、滲透在人與道和人與人兩個交往層面，既有所側重和區別，又有所交叉和滲透。例如，素樸與和順之間具有與生俱來的一致性，而無欲、無情、無知則是素樸、和順的具體表現和內在要求；兩忘是無欲、無情和無知的最終境界，無欲、無情和無知則是兩忘的基本要求；刻意及其具體表現仁義禮是素樸、和順、無情、無欲和無知的對立面。正是這重重疊疊、錯落有致的環環相接、絲絲入扣，使莊子的交往哲學意境深遠而條理清晰。在莊子那裡，無論是「與造物者遊」的人與道的交往還是「群於人」、「遊於世」的人與人的交往都蘊涵著人的存在方式和生命本質的確證，是一種人生態度和養生之道。從這個意義上說，莊子的交往哲學兼有本體哲學、存在哲學、人生哲學和道德哲學等諸多層次和內涵。

第三節　交往之可貴與交往之代價

　　品味莊子的交往哲學總是令人百感交集，心緒處於極端的矛盾之中：時而因爲交往的眞誠和溫馨而輕鬆，時而因爲交往的代價和冷淡而沉重。心情的這種變動或矛盾基於莊子交往哲學的矛盾，歸根結底是由其中的積極因素和消極因素並存造成的。

一、交往地位的提升和交往方式的眞誠

　　莊子的交往哲學散發著深厚的本體哲學氣息，對交往意義、交往原則和

交往方式的闡述都建立在對宇宙之道的理解之上。這決定了交往在莊子那裡不僅是爲人處世之方，而且是人的存在方式和本質確證。莊子對交往的形而上的提升和審視交往的獨特視角對於當代交往哲學的建構具有啓迪意義。同時，由於扎根本體哲學的沃土、從道的角度進行思維，莊子的交往哲學極具道家風采和獨特魅力：在儒家終日乾乾、爲道德奔波的對比中，突顯其非凡的灑脫和豁達；在墨家非命尚力、興天下之利的參照下，展示其卓越的超然和不俗：在法家法術廝殺、自私而自利的反觀中，尤顯其可貴和文雅。

在對交往原則和交往方式的說明中，莊子建構的人與道的交往模式以人順天爲主題。在人對道的和順和天樂中，莊子凸顯了人的本性和純眞，具有返璞歸眞之效。莊子爲人描述了這樣一幀人與自然融爲一體、怡然自得的圖畫：「余立於宇宙之中，多日衣皮毛，夏日衣葛絺。春耕種，形足以勞動；秋收斂，身足以休食。日出而作，日入而息，逍遙於天地之間，而心意自得。」（《莊子·讓王》）在這幅類似童話的景象中，人與自然親密無間、天然和諧，踏著自然的節拍和韻律勞作或休息，身心都得到解脫和釋放——莊子稱之爲「天放」。這幅圖畫的放大，便是人與自然萬物的和諧相處、其樂融融：

> 故至德之世，其行塡塡，其視顚顚。當是時也，山無蹊隧，澤無舟梁；萬物群生，連屬其鄉；禽獸成群，草木遂長。是故禽獸可係羈而遊，鳥鵲之巢可攀援而窺。夫至德之世，同與禽獸居，族與萬物並。（《莊子·馬蹄》）

在這裡，人的行爲天眞純樸，自然界的一切都沒有被污染或破壞。人與萬物共同生活，彼此融爲一體。在人與自然的關係急劇惡化、人離自己的自然家園越來越遠的今天，重溫莊子的這些話語給人的感想是頗多的。

莊子注重在人與人的交往中保持自己的自尊和本性。他推崇「群於人」的交往的重要——不僅是生存的必要，也是一種人生態度。與此同時，莊子強調在交往中應該潔身自好，堅定不移地捍衛自己的人格和尊嚴，不爲利害所動，不爲毀譽所折。正因爲如此，莊子用彌合是非、不以好惡內傷其身以求在交往中全生。更爲重要的是，他以不隨波逐流或與世俗同流合污在交往中全德全神。於是，莊子宣稱：

> 執道者德全，德全者形全，形全者神全。神全者，聖人之道也。託生與民並行而不知其所之，汒乎淳備哉！功利機巧必忘夫人之心。若夫人者，非其志不之，非其心不爲。雖以天下譽之，得其所

> 謂，謷然不顧；以天下非之，失其所謂，儻（無心——引者注）然
>
> 不受。天下之非譽無益損焉，是謂全德之人哉！（《莊子·天地》）

　　不論何時何地，冒天下之大不韙——即使是爲了捍衛眞理或自尊都是需要勇氣和魄力的。當然，還需要不計利害得失的「無欲則剛」。與此相聯繫，莊子渴望拋開功利的因素享受精神的交往和心靈的溝通。

　　對於交友典範子祀、子輿、子梨、子來之間的默契和心有靈犀，《莊子》描述說：「子祀、子輿、子梨、子來四人相與語曰：『孰能以無爲首，以生爲脊，以死爲尻；孰知死生存亡之一體者，吾與之友矣！』四人相視而笑，莫逆於心，遂相與爲友。」（《莊子·大宗師》）子祀、子輿、子梨和子來之間相與爲友是因爲他們志同道合，奠基於「莫逆於心」的交往使彼此飽嘗交往的快樂。「四人相視而笑」是溫馨、滿足的笑，也是發自內心的笑。這種來自心靈深處的眞誠的笑在趨炎附勢、卑躬屈膝中是絕對難以想像的，後來事態的進一步發展更加印證了「四人相視而笑」的純眞動人和久經考驗。正如人們所見到的，突如其來的變故並沒有影響「莫逆於心」的靈魂交往，四人始終都給予對方理解和支持，而不是棄對方而走。於是，他們之間仍然「相視而笑」，仍然「莫逆於心」。這種「遇寒而不雕」、歷久而彌貞的交往無論何時何地都令人羨慕和神往。在莊子那裡，這個夢想並不遙遠，其獲取的手段極其簡單——以心交心、拋棄一切附加條件和外在因素，回到交往本身。子祀、子輿、子梨和子來「四人相視而笑」洋溢著四人的幸福和愜意，也流露出莊子對交往的渴望和期待。這從一個側面反映出莊子不是拒絕交往而是對交往期待甚高。這種對待交友寧缺勿濫的審慎態度和以同道爲擇友標準的做法值得借鑒。

　　此外，《莊子》的一則記載道出了莊子對待交往的眞誠，並流露出莊子對朋友的一往情深：

> 莊子送葬，過惠子之墓，顧謂從者曰：「郢人堊慢其鼻端若蠅翼，使匠石斲之。匠石運斤成風，聽而斲之，盡堊而鼻不傷，郢人立不失容。宋元君聞之，召匠石曰：『嘗試爲寡人爲之。』匠石曰：『臣則嘗能斲之。雖然，臣之質死久矣！』自夫子之死也，吾無以爲質矣，吾無與言之矣！」（《莊子·徐无鬼》）

　　在此，可以看出，莊子與惠施是相得益彰的辯友，也是生死不渝的知己。所以，惠施的死對於莊子是一大損失。莊子儘管把生死置之度外，對於惠施

的死還是無限感慨。莊子之語把惠施視爲自己之質，可見對惠施的感情極深，這與那種人一走茶就涼的交往簡直相去天壤。這樣的交往之所以驚天動地，是因爲這是一種拋開功利的精神交往。

　　與莊子相似，孔子強調：「道不同，不相爲謀。」（《論語·衛靈公》）在孔子那裡，「可者與之，不可者拒之」式的交往是思想眞正的交流，與可者的交往是高層次的心靈之約；「嘉善而矜不能」是礙於基本禮節的應酬，屬於低層次的交往。古代哲學追求的精神交往的價值旨趣在與利益共同體或經濟合作社式的交往模式的對比中更顯珍貴和眞誠。

二、交往的悲涼和交往的代價

　　在莊子那裡，作爲人的存在方式和生存狀態，交往是必須的。儘管如此，從交往態度和原則來看，莊子的交往始終處於被動或不情願之中。莊子之所以交往，歸根結底不是由於喜歡或期望交往，而是基於存在的一種不可奈何的被迫之舉——充其量是理性的無奈選擇，而不是情感的期盼，所以缺少應有的激情和熱忱。莊子對於交往的這種心態使他的交往哲學在顯示豁達和灑脫的同時，不可避免地帶有一種悲觀基調和消極情緒。例如，莊子建議通過忘是非、忘人我乃至忘親進入眞正交往，這種做法是人難以接受甚至不近人情的，給人某種冷漠甚至冷酷之感——這或許是人們認爲莊子拒絕或厭惡交往的原因所在吧！如果把他人和父母都忘得一乾二淨，人便成了彼此互不相干的孤立原子，這樣的交往無力排遣人的孤獨感，也難免有流於形式之嫌。

　　此外，莊子確立的人與道和人與人的交往模式是以犧牲人的主觀能動性和創造性爲代價的，這便是莊子再三呼籲的「無欲」、「無情」和「無知」等，難怪荀子批評他「蔽於天而不知人」。荀子的這個評價不僅限於本體領域，也適用於莊子的交往哲學。尤其需要指出的是，莊子所追求的、令今人爲之動容並魂牽夢縈的人與自然的和諧相處是以犧牲甚至全盤否定知識技術爲前提或交換條件的。莊子指出：

　　　　夫弓弩畢弋機變之知多，則鳥亂於上矣；鉤餌罔罟罾笱之知多，則魚亂於水矣；削格羅落罝罘之知多，則獸亂於澤矣；知詐漸毒、頡滑堅白、解垢同異之變多，則俗惑於辯矣。故天下每每大亂，罪在於好知。故天下皆知求其所不知而莫知求其所已知者，皆知非其所不善而莫知非其所已善者，是以大亂。故上悖日月之明，下爍

> 山川之精，中墮四時之施，惴奕之蟲，肖翹之物，莫不失其性。甚
> 矣，夫好知之亂天下也！（《莊子·胠篋》）

後續的歷史發展和人與自然關係的變奏一再證明，莊子關於人類知識技術戕害自然的警告絕非杞人憂天或駭人聽聞，近現代的工業文明在加劇人與自然關係惡化和生態危機的同時，也印證了莊子的先知先覺。應該看到，科學技術是一把雙刃劍，莊子在揭露它的消極作用時忽視甚至全盤否定其積極意義。評判知識技術的價值天平的失衡導致莊子對技術的極端擔憂，促使他制定了極端的解決問題的方法。《莊子》中的一則故事集中表露了莊子對技術的這種擔憂，也反映了他最終棄技術而去的偏激做法：

> 子貢南遊於楚，反於晉，過漢陰，見一丈人方將爲圃畦，鑿隧
> 而入井，抱甕而出灌，搰搰然用力甚多而見功寡。子貢曰：「有械於
> 此，一日浸百畦，用力甚寡而見功多，夫子不欲乎？」爲圃者卬而
> 視之曰：「奈何？」曰：「鑿木爲機，後重前輕，挈水若抽，數如泆
> 湯，其名爲槔。」爲圃者忿然作色而笑曰：「吾聞之吾師，有機械者
> 必有機事（投機取巧——引者注），有機事者必有機心。機心存於胸
> 中則純白不備。純白不備則神生不定，神生不定者，道之所不載也。
> 吾非不知，羞而不爲也。」（《莊子·天地》）

莊子承認知識技術可以給人的生活帶來方便，卻對技術的投機取巧傾向以及破壞人的天然本性、使人心神不定耿耿於懷。鑒於技術的這種屬性和危害，莊子以利用技術爲恥，並基於自己的價值旨趣和道德準則呼籲完全放棄技術回到沒有知識技術的「無知」狀態。可以斷言，在人類智識豁然開朗、長足進展的時代，任何幻想拋棄知識、文明的做法都是荒唐可笑的。面對知識技術對自然的破壞以及所加劇的人與自然關係的緊張，人類所能做的不是完全放棄知識和技術、回到未被文明洗禮的原初狀態，而是協調各種關係和利益，使科學技術的副作用減至最小。有鑑於此，在肯定莊子思想深邃、冷靜的同時，對其因噎廢食、對知識技術談虎色變的極端態度和做法不能苟同。

綜上所述，莊子的交往哲學是天使與魔鬼的奇妙結合，是充斥著矛盾的統一體。如何靠近天使、遠離魔鬼是每一位窺探它的人都要面對和解決的問題。